UTB

Eine Arbeitsgemeinschaft der Verlage

Böhlau Verlag · Wien · Köln · Weimar
Verlag Barbara Budrich · Opladen · Toronto
facultas.wuv · Wien
Wilhelm Fink · Paderborn
A. Francke Verlag · Tübingen
Haupt Verlag · Bern
Verlag Julius Klinkhardt · Bad Heilbrunn
Mohr Siebeck · Tübingen
Nomos Verlagsgesellschaft · Baden-Baden
Ernst Reinhardt Verlag · München · Basel
Ferdinand Schöningh · Paderborn
Eugen Ulmer Verlag · Stuttgart
UVK Verlagsgesellschaft · Konstanz, mit UVK / Lucius · München
Vandenhoeck & Ruprecht · Göttingen · Bristol
vdf Hochschulverlag AG an der ETH Zürich

Matthias Karmasin, Rainer Ribing

Die Gestaltung wissenschaftlicher Arbeiten

Ein Leitfaden für Seminararbeiten, Bachelor-, Master-, Magister- und Diplomarbeiten sowie Dissertationen

facultas.wuv

Matthias Karmasin, Univ.-Prof. Mag. DDr., ist Professor für Kommunikationswissenschaft und Direktor des Instituts für Vergleichende Medien- und Kommunikationsforschung der Alpen-Adria-Universität Klagenfurt und der Österreichischen Akademie der Wissenschaften.

Rainer Ribing, Mag., ist Abteilungsleiter in der Bundeswirtschaftskammer (WKO) und Vorstandsmitglied am Institut für Bildungsforschung der Wirtschaft in Wien.

Bibliografische Information der Deutschen Nationalbibliothek
Die Deutsche Nationalbibliothek verzeichnet diese Publikation in der Deutschen Nationalbibliografie; detaillierte bibliografische Daten sind im Internet unter http://d-nb.de abrufbar.

8., aktualisierte Auflage 2014

facultas.wuv, Stolberggasse 26, 1050 Wien

Einbandgestaltung: Atelier Reichert, Stuttgart
Druck und Bindung: CPI – Ebner & Spiegel, Ulm
Printed in Germany

ISBN 978-3-8252-4259-6

Vorwort

Vor Ihnen liegt nunmehr die achte Auflage unseres erstmals 1999 bei WUV erschienenen Leitfadens für das wissenschaftliche Arbeiten. Dieses Buch versteht sich als **praktische Anleitung** für die inhaltliche und formale Gestaltung von Haus- und Seminararbeiten, Bachelor-, Master-, Magister- und Diplomarbeiten sowie für Dissertationen. Darüber hinaus geben wir Tipps und Tricks für das Präsentieren und Vortragen.

Ausgangspunkt waren dabei – anders als in vielen anderen Beiträgen zu diesem Thema – nicht allein die Anforderungen des Wissenschaftsbetriebes, sondern die **Bedürfnisse der Studierenden.** Wir haben unsere Erfahrung im Abfassen und im Beurteilen wissenschaftlicher Arbeiten in diesen Leitfaden einfließen lassen. Auch wurde das Feedback unserer Leserinnen und Leser bei unseren Neuauflagen berücksichtigt.

Neben den Grundlagen des wissenschaftlichen Arbeitens widmen wir uns besonders den **Fragen, wie sie für diesen Prozess typisch sind**. Diese Fragen sind etwa:

- Wie komme ich zu meinem Thema?
- Was sind die Grundlagen des wissenschaftlichen Arbeitens?
- Welchen Aufbau soll meine Arbeit haben?
- Wie zitiere ich richtig?
- Wie wird meine Arbeit bewertet?
- Wie präsentiere ich vor Publikum?

Wir wünschen frohes Schaffen!

September 2014 — Matthias Karmasin, Rainer Ribing

Inhalt

Abbildungen

Leitfaden zur Arbeit mit diesem Buch

Das vorliegende Buch liefert eine umfassende Grundlage für die inhaltliche und formale Gestaltung Ihrer wissenschaftlichen Arbeit.

Was die **inhaltlichen** und **wissenschaftlichen Anleitungen** in diesem Buch betrifft, so sind diese universell einsetzbar. Themenfindung, Formulieren der Forschungsfrage, wissenschaftliche Argumentation, der Umgang mit Literatur, Hypothesenbildung oder auch die Bewertungsrichtlinien sind im Wissenschaftsbetrieb anerkannt.

Die in diesem Buch vorgestellten **formalen Vorgaben** sind ebenso anerkannt und können von Ihnen übernommen werden (z.B. Verwendung von Fußnoten, Anordnung von Verzeichnissen, Zitierweise,...). Sollten Sie darüber hinaus – je nach Fachbereich, Institut oder Betreuer – **Formvorlagen** oder **spezifische** formale Vorgaben erhalten, sind diese selbstverständlich zu verwenden.[1]

Wichtig in diesem Zusammenhang: Die „einzig richtige Form" gibt es nicht. Im Wissenschaftsbetrieb haben sich unterschiedliche Varianten entwickelt, von denen jede für sich „korrekt" ist. **Entscheidend** ist, dass die wissenschaftliche Form bzw. Formatierung Ihrer Arbeit durchgängig und einheitlich ist.

Aufbau des Buches

Kapitel 1: Das Konzept

Konzeption des Inhalts und **Planung** der Vorgangsweise sind die Basis für eine erfolgreiche wissenschaftliche Arbeit. Zentrales Element ist dabei die **Forschungsfrage**, deren Ausgestaltung den Kern der wissenschaftlichen Arbeit darstellt. Wir zeigen Ihnen im ersten Kapitel die Methoden, um von Beginn an zielgerichtet zu planen und effizient zu arbeiten.

Kapitel 2: Form und Formatierung

Nicht nur der Inhalt soll wissenschaftlich sein, sondern auch die Form.

Um die wissenschaftliche Arbeit **von anderen Formen** schriftlicher Äußerungen (z. B. Zeitungsartikeln) zu **unterscheiden**, bedarf es geeigne-

1 In der Regel gibt es institutsspezifische Vorgaben für Schriftart und -größe, die Einstellung der Seitenränder etc., in einzelnen Fachbereichen etwa auch spezielle Regeln für technische Arbeiten (Art und Darstellung von Formeln) oder für naturwissenschaftliche Arbeiten (korrekte Beschreibung eines Laborversuches o.Ä.).

ter Werkzeuge und der Einhaltung formaler Richtlinien. Im zweiten Kapitel stellen wir die dazugehörigen Bausteine mit Beispielen ausführlich dar.

Darüber hinaus geben wir eine bebilderte Anleitung für die grundlegende **Formatierung** der Arbeit im Textverarbeitungsprogramm Word.[2] Sie deckt die wichtigsten Formatierungsarten ab und soll zeitraubendem Layoutieren vorbeugen.

Kapitel 3: Wissenschaftlich argumentieren und recherchieren

In diesem Kapitel zeigen wir Ihnen die **Praxis des wissenschaftlichen Arbeitens**, wie Sie mit wissenschaftlichen Belegen umgehen, angemessen argumentieren und die Forschungsfrage in einem adäquaten Forschungsprozess abarbeiten. Dazu gehören konkret auch das Formulieren wissenschaftlicher Aussagen sowie – gegebenenfalls, aber nicht notwendigerweise – die Arbeit mit Hypothesen.

Daneben gehen wir näher auf die **Klassifikation wissenschaftlicher Quellen** ein und geben Ihnen die notwendigen Hinweise, um wissenschaftliche von nicht-wissenschaftlichen Quellen zu unterscheiden.

Kapitel 4: Zitieren

„Abschreiben" ist erlaubt, aber jedes Zitat muss überprüfbar und einwandfrei nachvollziehbar sein. Einwandfreies Zitieren ist Ausdruck wissenschaftlicher Sorgfalt. Übernommenes fremdes Gedankengut ist in jedem Fall – egal ob als wörtliches oder sinngemäßes Zitat – als solches kenntlich zu machen.

Im vierten Kapitel behandeln wir ausführlich die formalen **Zitierregeln**, den Umgang mit Fußnoten, die Erstellung des Literaturverzeichnisses etc. und führen ergänzend praktische Beispiele an.

Kapitel 5: Präsentieren und Vortragen

Professionelles Präsentieren gehört nicht nur zu den wesentlichen Mitteln im Wissenschaftsbetrieb. Wer gut präsentiert, kann auch im beruflichen Kontext seine Inhalte besser und damit überzeugend vermitteln. Wir geben Ihnen **Tipps und Tricks**, um professioneller vorzutragen.

2 Microsoft® Office Word.

Zur Zitierweise in diesem Buch

Es gibt im Wissenschaftsbetrieb unterschiedliche Formen von Quellenangaben und -verweisen. Beispielhaft wären das etwa:

als Fußnote
[23] Vgl. Bänsch, 1998, S. 55.
[23] Vgl. Bänsch (1998:55).
[23] Vgl. Bänsch (1998), S. 55.

oder im Text
… (vgl. Bänsch, 1998:55) …

Es gilt: Die Form der Quellenangaben und -verweise soll in Ihrer Arbeit einheitlich sein.

Entscheiden Sie sich nach Durchsicht des **Kapitel 4 bzw. anhand der Vorgaben** Ihres Institutes oder Betreuers für eine Form, die Sie dann in Ihrer Arbeit konsequent einhalten. Wir haben uns ebenso für eine Form entschieden, die wir in diesem Buch (außer bei den in Kapitel 4 angeführten Beispielen) durchgehend verwenden.

Checkliste für den Start

Was muss ich beisammen haben, bevor ich zu schreiben beginne?

- ❑ Die Motivation, etwas zu schaffen.
- ❑ Thema, Betreuer sowie den geplanten Seitenumfang. (Kap. 1)
- ❑ Eine ausformulierte Forschungsfrage. (Kap. 1)
- ❑ Eine Vorstellung von den möglichen Antworten auf die gestellte Forschungsfrage.
- ❑ Eine kurze Darstellung des Forschungsprozesses. (Kap. 1 u. 3)
- ❑ Das Grundverständnis wissenschaftlicher Argumentation. (Kap. 3)
- ❑ „Gendermainstreaming“ ja oder nein. (Kap. 1)
- ❑ Das Verständnis, was „eigenständige Leistung“ bedeutet. (Kap. 1)
- ❑ Die Erwartungen des Betreuers. (Kap. 1)
- ❑ Ein Basis-Set aus Grundlagenliteratur zur Theorie. (Kap. 3)
- ❑ Die Bereitschaft, Bücher, Aufsätze und andere wissenschaftliche Arbeiten zu lesen.
- ❑ Das Sichten und Anlesen bereits approbierter Abschlussarbeiten Ihres Institutes bzw. Ihres Betreuers.
- ❑ Eine Disposition mit zwei Gliederungstiefen. (Kap. 1 u. 2)
- ❑ Die Klärung der geforderten Formvorschriften: Seitenränder, Schriftart, Schriftgröße etc. (Kap. 2)
- ❑ Die Festlegung, welche Zitierweise verwendet wird. (Kap. 4)
- ❑ Die Klärung, ob ein „Ich-Bezug“ zulässig ist. (Kap. 1)
- ❑ Den festen und unumstößlichen Vorsatz, verwendetes fremdes Gedankengut immer zu kennzeichnen und richtig zu zitieren.
- ❑ Die Entscheidung, ob auch ein empirischer Teil (etwa Interviews) eingebaut und – wenn ja – mit welcher Methode gearbeitet wird. (Kap. 3)
- ❑ Einen groben Zeitplan. (Kap. 1)

1 Das Konzept

Warum schreiben Sie eine wissenschaftliche Arbeit? Weil Sie müssen?

Die meisten Studien erfordern den Nachweis der Befähigung zum wissenschaftlichen Arbeiten durch die Abfassung schriftlicher (Abschluss-)Arbeiten. Doch auch wenn Sie eine wissenschaftliche Arbeit schreiben „müssen", lässt sich diese dennoch mit Leben füllen und kann abgesehen von **Sinnstiftung** und **praktischer Relevanz** auch einen (kleinen) **Beitrag zum Fortschritt der Disziplin** leisten.

Wissenschaftliche Arbeiten sind jedoch nicht nur vom Namen her, sondern auch tatsächlich mit Arbeit verbunden. Mit dem Grad des Umfanges und der Komplexität der Arbeit steigen auch die intellektuellen und zeitlichen Anforderungen. Zu den Voraussetzungen, eine gute wissenschaftliche Arbeit zu schreiben, gehören daher auch Ausdauer und Konsequenz.

Aber keine übertriebene Sorge! Das wissenschaftliche Arbeiten folgt, wie andere Tätigkeiten auch, klaren Kriterien, und mit entsprechender Anleitung kann diese Aufgabenstellung erfolgreich abgearbeitet werden. Nach dem Lesen dieses Kapitels werden Sie bereits das Licht am Ende des wissenschaftlichen Tunnels sehen können.

1.1 Ansprüche an Abschlussarbeiten

Mit Fortgang des Studiums steigen sowohl Umfang als auch Anspruch an Wissenschaftlichkeit und Eigenständigkeit der Studierenden. Von der Hausarbeit bis zur Dissertationen, zum wissenschaftlichen Arbeiten gehören:[3]

- die Erfassung von Problembereichen,
- die Beschaffung von und der Umgang mit Literatur,
- die Formulierung von Forschungsfragen,
- gegebenenfalls die Durchführung empirischer Untersuchungen,
- die Formulierung der Arbeit und deren formale Gestaltung (Zitate, Verzeichnisse etc.).

Haus- und Seminararbeiten dienen primär der ersten Auseinandersetzung mit wissenschaftlichen Techniken und sollten in 1–2 Wochen abgefasst sein. Die erforderliche Seitenzahl des Textteiles liegt bei 15–20 Seiten bzw. kann sich bei Gruppenarbeiten auf bis zu 50 Seiten erstrecken. Häufig sind diese Arbeiten in einer Lehrveranstaltung zu präsentieren.

3 Vgl. Preissner (1998:3).

Mit der **wissenschaftlichen Abschlussarbeit** zur Erlangung eines akademischen Grades sollen Studierende ihre Qualifikation für eigenständiges wissenschaftliches Arbeiten demonstrieren.

Die **Bachelor-Arbeit** ist Voraussetzung für den akademischen Grad des Bachelors. Je nach Hochschule wird die Arbeit 30–40 Seiten umfassen und sollte in einem Zeitrahmen von zwei Monaten abzufassen sein.

Mit der **Master-Thesis**, häufig in Verlängerung eines Bachelor-Studiengangs, erhöht sich der wissenschaftliche Anspruch. Während Bachelor-Arbeiten in der Regel eine praktische Anwendung eines theoretischen Ansatzes behandeln, ist eine Master-Thesis auch in der Theorie aufwendiger zu gestalten und abzugrenzen. Die Masterarbeit umfasst etwa 60–80 Seiten und sollte in einem Zeitrahmen von vier Monaten geschrieben sein.

In der **Magisterarbeit** (bzw. in der **Diplomarbeit**) sollen neben einer fundierten Befassung mit den theoretischen Grundlagen auch die Fähigkeiten zum kritischen Diskurs oder der Umgang mit Hypothesen bewiesen werden. Jedoch kann – im Unterschied zu einer Dissertation – eine mit Fleiß zusammengestellte Reproduktion von Fachliteratur bzw. eine umfängliche Darstellung und Diskussion des Standes der Forschung ausreichend sein. Die Arbeit mit einem Umfang von 100–120 Seiten sollte in maximal sechs Monaten zu bewerkstelligen sein.

Von einer **Dissertation bzw. Doktorarbeit** wird eine hochstehende originäre wissenschaftliche Eigenleistung gefordert. Neben der Darstellung der eigenständigen Entwicklung von Gedanken und Modellen wird besonderes Augenmerk auf die methodische Fundierung der Arbeit sowie auf den Beitrag zum Erkenntniszuwachs im jeweiligen Fachgebiet gelegt.

1.2 Rechte und Pflichten

Wissenschaftlich zu arbeiten bedeutet vor allem auch, **verantwortlich zu arbeiten**. Dazu zählen Ehrlichkeit, klare Begriffsverwendung, Übersichtlichkeit, Allgemeingültigkeit und Überprüfbarkeit.

1.2.1 Zitat vs. Plagiat

Eine besondere Aufgabe bei der Abfassung einer wissenschaftlichen Arbeit ist das **Zitieren**. Übernommenes fremdes Gedankengut ist in jedem Fall – egal ob als wörtliches oder sinngemäßes Zitat – als solches kenntlich zu machen.

Dies begründet sich zum einen im **Urheberrecht**, das Werke als Ganzes und in seinen Teilen als *„eigentümliche geistige Schöpfungen auf den Ge-*

bieten der Literatur, der Tonkunst, der bildenden Künste und der Filmkunst" schützt.[4] Damit u.a. verbunden ist das Recht auf Urheberbezeichnung.

So wie der Urheber ein Recht auf eine entsprechende Urheberbezeichnung hat, ist es andererseits **Ihre wissenschaftliche Pflicht**, dass Sie kein fremdes Gedankengut in Ihrer Arbeit als eigene geistige Leistung „verkaufen". Andernfalls handelt es sich um ein **Plagiat**.

> Plagiate haben bereits zur Aberkennung von akademischen Titeln geführt. Wichtig: Das bloße Umformulieren von fremden Aussagen und Textpassagen, das **Paraphrasieren**, schützt Sie nicht vor einem Plagiatsvorwurf!
>
> Kurz: Eigene Erkenntnisse und jene anderer Autoren müssen also jeweils erkennbar und nachvollziehbar sein.

1.2.2 Gesetzliche Grundlagen

Nun folgend finden Sie einen thematischen Auszug aus gängigen Bestimmungen über rechtliche Grundlagen zum Verfassen wissenschaftlicher Arbeiten auf Basis von Hochschulordnungen bzw. Studiengesetzen im deutschsprachigen Raum.

Bitte klären Sie **bei Bedarf** die für Sie gültigen rechtlichen Grundlagen in dem für Sie zuständigen Studienreferat Ihrer Bildungseinrichtung ab. Wesentliche Bestimmungen sind:

- Sollte eine gemeinsame Bearbeitung eines Themas durch mehrere Studierende angestrebt werden, so ist das nur dann zulässig, wenn die Leistungen der einzelnen Studierenden gesondert beurteilbar bleiben.
- Erfordert die Bearbeitung einer Abschlussarbeit die Verwendung von Geld- oder Sachmitteln von Einrichtungen der Bildungseinrichtung (z. B. Labor), so ist die Leiterin bzw. der Leiter dieser Einrichtung über die beabsichtigte Verwendung zu informieren.
- Der oder dem Studierenden ist (innerhalb einer Frist) Einsicht in die Beurteilungsunterlagen zu gewähren.
- Wissenschaftliche Arbeiten, die an einer anerkannten inländischen oder ausländischen Bildungseinrichtung positiv beurteilt wurden, sind von dem für die studienrechtlichen Angelegenheiten zuständigen Organ anzuerkennen, wenn sie den Anforderungen einer wissenschaftlichen Arbeit der anerkennenden Stelle entsprechen.

---

4 Urheberrecht, BGBl 111/1936, § 1. Abs. 1.

- Positiv beurteilte Abschlussarbeiten unterliegen in der Regel der Veröffentlichungspflicht. Ausgenommen sind wissenschaftliche Arbeiten oder deren Teile, die einer Massenvervielfältigung nicht zugänglich sind (z. B. künstlerische Abschlussarbeiten).
- Anlässlich der Ablieferung einer wissenschaftlichen Arbeit ist die Verfasserin oder der Verfasser durchaus berechtigt, den Ausschluss der Benützung der abgelieferten Exemplare für einen bestimmten Zeitraum (in der Regel längstens fünf Jahre) zu beantragen. Dazu hat die oder der Studierende glaubhaft zu machen, dass wichtige rechtliche oder wirtschaftliche Interessen gefährdet sind (etwa bei der Verwertung aktuell sensibler Daten oder bei einer Auftragsarbeit für eine öffentliche Stelle oder ein Unternehmen).

1.3 Thema und Betreuer / Begutachter

Für **Haus- und Seminararbeiten** sind Themen bzw. Forschungsfragen meist vorgegeben oder ergeben sich schlüssig aus den Seminarinhalten oder aus der entsprechenden Lehrveranstaltung.

Bei **Bachelor-Arbeiten** werden häufig praktische Problemstellungen angeboten, die in der Arbeit zu behandeln sind.

Bei **Master-Thesis bzw. Magisterarbeiten und Dissertationen** entwickeln sich Themenstellungen großteils aus dem Lehrbetrieb oder dem eigenen Umfeld. Interesse, berufliche Relevanz sowie Schwerpunkte im Studium fließen dabei ein.

Vereinzelt bieten Institute (eventuell in Zusammenarbeit mit externen Auftraggebern) Themen an. Eine weitere Möglichkeit liefern etwa Firmen oder öffentliche Organisationen in Form einer Vergabe von „Forschungsprojekten".

Sollten Sie nebenberuflich studieren, bietet sich eventuell ein Thema an, das Sie mit Ihrem Job verbinden können. Gegebenenfalls wollen Sie sich beruflich verändern und machen sich mit Ihrer Arbeit auch inhaltlich fit für neue Aufgaben.

Das gewählte Thema „abklären“

> Unabhängig davon, wie Sie zu Ihrem **„Thema für die Arbeit“** kommen, **klären Sie jedenfalls**, ob es bereits eine wissenschaftliche Arbeit mit demselben Thema und derselben Herangehensweise gibt. Es ist schon vorgekommen, dass eine Arbeit aus diesem Grunde wieder verworfen werden musste.

Inhaltlich können sich wissenschaftliche Arbeiten zum selben Thema – je nach Aufgabenstellung und Forschungsfrage – aber auch **ausreichend unterscheiden**, um jeweils als eigenständige Arbeit zu bestehen.[5]

Eine „Recherche zum Thema“ ist jedenfalls sinnvoll. So erhalten Sie beispielsweise bei einer Titel- bzw. Stichwortrecherche zum Thema: „Frauen in der Politik“ im Online-Katalog des österreichischen Bibliothekenverbundes *obvsg* folgendes Ergebnis zu bereits vorhandenen wissenschaftlichen Arbeiten:[6]

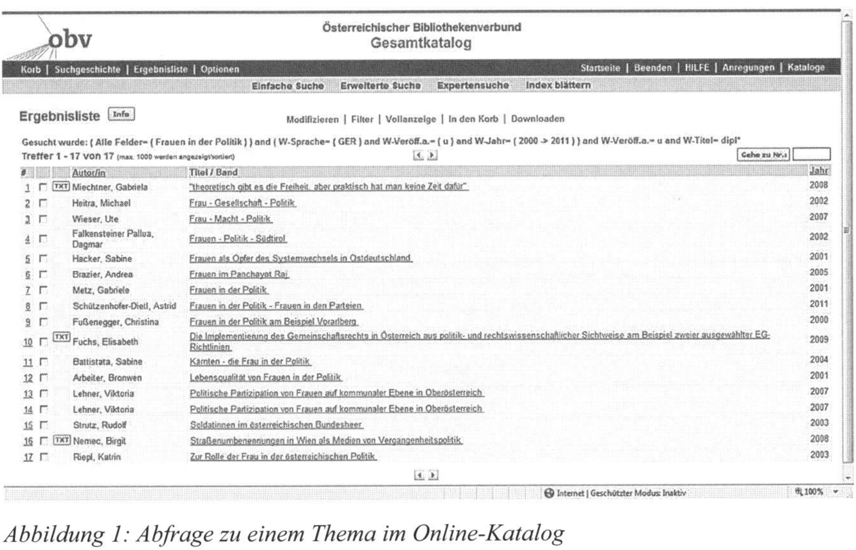

#			Autor/in	Titel / Band	Jahr
1		TXT	Miechtner, Gabriela	"theoretisch gibt es die Freiheit, aber praktisch hat man keine Zeit dafür"	2008
2			Heitra, Michael	Frau - Gesellschaft - Politik	2002
3			Wieser, Ute	Frau - Macht - Politik	2007
4			Falkensteiner Pallua, Dagmar	Frauen - Politik - Südtirol	2002
5			Hacker, Sabine	Frauen als Opfer des Systemwechsels in Ostdeutschland	2001
6			Brazier, Andrea	Frauen im Panchayat Raj	2005
7			Metz, Gabriele	Frauen in der Politik	2001
8			Schützenhofer-Dietl, Astrid	Frauen in der Politik - Frauen in den Parteien	2011
9			Fußenegger, Christina	Frauen in der Politik am Beispiel Vorarlberg	2000
10		TXT	Fuchs, Elisabeth	Die Implementierung des Gemeinschaftsrechts in Österreich aus politik- und rechtswissenschaftlicher Sichtweise am Beispiel zweier ausgewählter EG-Richtlinien	2009
11			Battistata, Sabine	Kärnten - die Frau in der Politik	2004
12			Arbeiter, Bronwen	Lebensqualität von Frauen in der Politik	2001
13			Lehner, Viktoria	Politische Partizipation von Frauen auf kommunaler Ebene in Oberösterreich	2007
14			Lehner, Viktoria	Politische Partizipation von Frauen auf kommunaler Ebene in Oberösterreich	2007
15			Strutz, Rudolf	Soldatinnen im österreichischen Bundesheer	2003
16		TXT	Nemec, Birgit	Straßenumbenennungen in Wien als Medien von Vergangenheitspolitik	2008
17			Riepl, Katrin	Zur Rolle der Frau in der österreichischen Politik	2003

Abbildung 1: Abfrage zu einem Thema im Online-Katalog

Daraus ist ersichtlich, dass es bereits zumindest eine Publikation mit demselben und zahlreiche andere mit ähnlichen Titeln gibt. Zu den einzelnen

---

5 Mehr dazu im folgenden Kap. 1.4.

6 Vgl. dazu http://www.obvsg.at, Darstellung ist ein gefilterter Auszug aus dem Ergebnis.

Einträgen können dann weitere Informationen wie Standort oder Institut, bei dem die wissenschaftliche Arbeit eingereicht wurde, abgerufen werden.

Gleichermaßen können Sie diese Abfragen auch in den Online-Katalogen der deutschen oder schweizerischen Bibliothekenverbünde durchführen. Eine umfassende Recherche ermöglicht der **Karlsruher Virtuelle Katalog** (www.ubka.uni-karlsruhe.de/kvk.html), der neben deutschsprachigen Bibliothekenverbünden auch mehrere internationale Bibliotheken erfasst.[7]

Finden eines Betreuers / Begutachters

Wenn Sie zu einer bestimmten Themenidee keinen geeigneten Betreuer kennen, der dieses Forschungsgebiet betreut, ist es hilfreich, sich über die jeweiligen **Forschungsgebiete** des wissenschaftlichen Personals zu informieren. Die meisten (Hoch-)Schulen bieten Abfragen der Forschungsschwerpunkte des wissenschaftlichen Personals über die Website.[8]

Um eine Betreuungsperson für sich zu gewinnen, ist ein persönliches Gespräch mit entsprechender Vorbereitung zielführend. Ein „professioneller Eindruck" wird entscheidend für den Ausgang der Unterhaltung sein. Abgesehen von der **Vermittlung Ihrer Motivation**, warum Sie sich für das eine oder andere Thema interessieren, sollten Sie dem Betreuer eine **Disposition** – zumindest ein grobes Inhaltsverzeichnis mit Kommentaren – vorlegen.[9]

Zusammenarbeit mit der Betreuerin / dem Betreuer

Für eine möglichst zielorientierte und effiziente Zusammenarbeit mit dem Betreuer empfehlen wir, folgende Punkte schon zu Beginn der Kooperation zu besprechen:

- **Klärung der beidseitigen Erwartungen:** Schwierigkeiten in der Zusammenarbeit ergeben sich meist durch Missverständnisse über die Erwartungen an den Prozess. Sprechen Sie das aktiv an. Falls es sich beim Betreuer auch um den Gutachter handelt, können Sie auch ansprechen, ob bzw. in welcher Form Bewertungskriterien für die Benotung Ihrer Arbeit zur Verfügung stehen.
- **Art und Häufigkeit der Kommunikation:** Intervalle und Fristen für E-Mail-Kommunikation oder persönliche Treffen …
- Versuchen Sie herauszufinden, ob die von Ihnen schon angedachte **Literatur** passend ist und ob der Betreuer seine „Favoriten" hier auch wiederfindet. Bloß die Frage zu stellen: *„Welche Literatur soll ich bitte*

7 Die Katalogs-Recherche wird in Kap. 3.2.2 näher dargestellt.
8 Informationen dazu gibt es in der Regel beim jeweiligen EDV-Zentrum.
9 Die Gestaltung der Disposition folgt in Kap. 1.6.

verwenden?“, ohne selbst Vorschläge gemacht zu haben, ist kein Beweis eigenständiger Leistung. Dieser Anspruch beginnt bereits hier.

- Klären Sie, ob und in welchem Umfang ein **Praxisbezug** erwünscht ist und welche Methoden für empirische Untersuchungen anzuwenden sind.
- Fragen Sie nach etwaigen **formalen Vorgaben** wie Schriftgröße, Zitierweise etc.
- **Zeitplan:** Legen Sie Arbeitsschritte und Meilensteine in einem Kalender fest. Seien Sie aber nicht zu ambitioniert mit Ihrem Zeitplan und legen Sie auch den einen oder anderen Puffer fest.
- **Protokolle:** Verfassen Sie kurze Memos über gemeinsam getroffene Vereinbarungen und schicken Sie diese Ihrem Betreuer.

Je nach akademischem Grad und Vorgabe in der für Sie geltenden Studien- bzw. Prüfungsordnung handelt es sich beim Betreuer in der Regel auch um den oder einen der Gutachter Ihrer Arbeit. Gegebenenfalls sind lt. Prüfungsordnung zwei Gutachter (Erst- und Zweitgutachter) namhaft zu machen.

Am Ende drängt sich die Frage auf: Schreiben Sie die Arbeit also so, damit sie dem Betreuer bzw. dem Gutachter gefällt? Nun gut: Wer beurteilt, sitzt letztlich – was die Benotung betrifft – am längeren Ast.

Jedoch geht es im wissenschaftlichen Diskurs auch darum, ob Sie die Erkenntnisse und Ergebnisse Ihrer Arbeit „verteidigen“ können, indem Sie argumentieren, wie Sie zu dem einen oder anderen Ergebnis gekommen sind. Nicht umsonst ist die sogenannte „**Defensio**“ der eigenen Arbeit in vielen Studiengängen Teil einer Abschlussprüfung.

Trotzdem – oder gerade deswegen – ist eine **gute Dosis Pragmatismus** hilfreich, um zum einen zu seinen eigenständig erarbeiteten Ergebnissen zu stehen und im selben Ausmaß die Meinung und Einschätzung des Betreuers/Begutachter entsprechend zu berücksichtigen.

1.4 Forschungsfrage

Wissenschaftliche Arbeiten drohen besonders dann zu scheitern, wenn das Thema zu allgemein gehalten ist. Arbeiten zu Themen wie: „Die politischen Parteien seit 1945“, „Das Qualitätsmanagement“ oder „Neue Medien und ihr Einfluss auf die Gesellschaft“ werden – wenn überhaupt – kaum in einer annehmbaren Zeit zu bewältigen sein. Somit ein zentraler Punkt gleich vorweg:

Das Thema ist „nur“ Titel Ihrer wissenschaftlichen Arbeit.

Ein ausführliches Elaborat zu einem Thema ist für sich noch kein Beitrag zum Fortschritt des Fachbereiches und der Wissenschaft. Nur die Beantwortung einer konkreten Forschungsfrage liefert einen Erkenntniszuwachs:

Das Ergebnis Ihrer wissenschaftlichen Arbeit soll eine Antwort liefern, und zwar die Antwort auf eine Forschungsfrage!

1.4.1 Formulieren der Forschungsfrage

Versuchen Sie, den **Forschungsschwerpunkt Ihrer Arbeit in einer einzigen Frage** zu formulieren. Sie werden feststellen, dass Sie damit Ziel und Zweck Ihrer Arbeit besser und klarer definieren können.

Das Formulieren einer guten Forschungsfrage ist ein notwendiger Prozessschritt am Beginn des Verfassens einer wissenschaftlichen Arbeit. Einige nützliche Tipps zur Formulierung der Forschungsfrage:

Gute Fragen:

- Fragestellung als Leitdifferenz (insbesondere die Unterscheidbarkeit von ähnlichen, bereits geschriebenen Arbeiten)
- Die Frage soll als „W-Frage“ formuliert sein (Was?, Wie?, Warum?)

Schlechte Fragen:

- Vorannahme: „Warum stimmt es, dass …?“
- Zu unkonkret: „Welchen Nutzen hat die Menschheit vom Internet?“
- Beeinflussende, tendenziöse Frage: „Wie unterscheiden sich Männer und Frauen in ihrem Interesse für Politik?“

Die Forschungsfrage wird wiederum in **Unterfragen** unterteilt. Die Unterfragen und -kapitel tragen gemeinsam dazu bei, die Forschungsfrage zu beantworten, und liefern Ihnen damit Ansatzpunkte, welche Informationen Sie zur Beantwortung der unterschiedlichen Fragen recherchieren müssen.

Um die Forschungsfrage zu beantworten, muss ich:

- in Kapitel 1 „abc“ beantworten
- in Kapitel 2 „xyz“ beantworten
- in Kapitel 3 ...

Bedenken Sie: Die Formulierung von Forschungs- und Unterfragen entscheidet letztlich auch über den Stoffumfang.

1.4.2 Grundtypen verschiedener Fragestellungen

In der Regel beantworten wissenschaftliche Abschlussarbeiten eine Forschungsfrage aus den Bereichen **Beschreibung** und **Erklärung**, wobei die Unterfragen auch in Form der weiteren Fragetypen wie **Gestaltung**, **Bewertung** und **Prognose** gestellt werden können.

Versuchen Sie, die Gliederung Ihres Konzepts in Fragestellungen zu formulieren, und Sie werden sehen, wie hilfreich dies für Ihre Arbeit sein wird. Zur besseren Übersicht sind die fünf Typen wissenschaftlicher Fragestellungen wie folgt dargestellt:[10]

Fragetyp	Leitfrage	Beispiel
Beschreibung	Was ist der Fall? Wie sieht die „Realität“ aus? (oder auch: Sieht die Realität wirklich so aus?)	Wie hat sich die Arbeitskräftemobilität in der EU seit 2004 verändert?
Erklärung	Warum ist etwas der Fall?	Warum hat sich die Arbeitskräftemobilität in der EU seit 2004 in bestimmter Art und Weise (nicht) verändert?
Prognose	Wie wird etwas künftig aussehen? Welche Veränderungen werden eintreten?	Wie wird sich die Arbeitskräftemobilität in der EU künftig verändern?
Gestaltung	Welche Maßnahmen sind geeignet, um ein bestimmtes Ziel zu erreichen?	Wie kann die Arbeitskräftemobilität in der EU gefördert werden?
Kritik/ Bewertung	Wie ist ein bestimmter Zustand vor dem Hintergrund explizit genannter Kriterien zu bewerten?	Wie sind die Maßnahmen der EU bezüglich der Arbeitskräftemobilität im Hinblick auf Chancengleichheit zu bewerten?

Abbildung 2: Grundtypen verschiedener Fragestellungen

Versuchen Sie, eine **möglichst konkrete Forschungsfrage** zu entwickeln und mit Ihrem Betreuer abzustimmen.

10 Beispiel nach Nienhüser/Magnus (1998:6).

Zum breiten Themenbereich „**Arbeitskräftemobilität in der EU**" könnte man mit der Ausgangsfrage: „*Wie hat sich die Arbeitskräftemobilität in der Europäischen Union (EU) seit 2004 verändert?*" etwa wie folgt konkretisieren:

- am Beispiel einzelner Mitgliedsländer
- am Beispiel eines konkreten Unternehmens mit Niederlassungen in mehreren EU-Ländern
- am Beispiel eines konkreten EU-Förderprogramms
- am Beispiel der EU-Grundfreiheiten: „Niederlassungsfreiheit" oder „Dienstleistungsfreiheit"
- in einem konkreteren Zeitraum

Konkretere Forschungsfragen bzw. Unterfragen wären zum Beispiel:
„*Welche Auswirkungen hatten die EU-Grundfreiheiten ‚Niederlassungsfreiheit' und ‚Dienstleistungsfreiheit' auf die Arbeitskräftemobilität innerhalb der Europäischen Union von 2004 bis 2012?*"

oder

„*Welche Auswirkungen hatten der EU-Beitritt Ungarns 2004 sowie die uneingeschränkte Arbeitsmarktöffnung im Mai 2011 auf die Arbeitskräftemobilität aus Ungarn nach Deutschland und Österreich im kurz- und langfristigen Vergleich?*"

oder

„*Wie begründeten die deutsche und die österreichische Bundespolitik die nur für ihre Nationalstaaten gültigen Übergangsfristen zur Arbeitskräftemobilität von sieben Jahren ab EU-Beitritt Ungarns 2004 bis hin zur vollkommenen Arbeitsmarktöffnung 2011 und wie gingen die Arbeitgeberverbände in Deutschland und Österreich mit diesen Begründungen um?*"

oder

„*Mit welchen Programmen und mit welchen Auswirkungen förderte die Europäische Union die Arbeitskräftemobilität der neuen EU-Mitgliedsstaaten von 2004 bis 2012 am Beispiel Ungarn?*"

Dazu lassen sich weitere passende **Unterfragen** entwickeln:

- „*Was sind die (vier) Grundfreiheiten der Europäischen Union?*"
- „*Welche Kompetenzen hat die EU im Bereich Arbeitsmarkt und Arbeitsmarktpolitik und wo sind ihre Grenzen?*"
- „*Welche prinzipiellen Zielrichtungen verfolgt die EU-Kommission in der Arbeitsmarktpolitik?*"
- ...

Die Forschungsfrage und deren Unterfragen sind die Leitlinie für Ihre wissenschaftliche Arbeit. Behalten Sie dazu folgende Aspekte im Gedächtnis:

- Aufbau und Inhalt der Arbeit orientieren sich an der Forschungsfrage und den Unterfragen.
- Erkenntnis und deren Begründungen sind Ziele der Wissenschaft und somit Ziel Ihrer Arbeit.
- Mit der Beantwortung der Forschungsfrage und den dazugehörigen Erläuterungen liefern Sie Ihren wissenschaftlichen Beitrag.

1.5 Exkurs: Die Wissenschaftsbereiche

An dieser Stelle wollen wir Sie kurz in die **Wissenschaftstheorie** „entführen“, bevor wir im nächsten Kapitel mit der Gestaltung der Disposition weitermachen. Für einige Leserinnen und Leser mag es vielleicht gedanklich hilfreich sein, den eigenen Fachbereich im Rahmen der Wissenschaftsbereiche einzuordnen.

Wissenschaftliche Disziplinen lassen sich nach dem aktuellen Stand der Wissenschaftstheorie aus verschiedensten Perspektiven definieren und abgrenzen: etwa nach ihrer paradigmatischen Grundposition oder ihrem erkenntnistheoretischen Kern, nach ihrem Objektbereich und ihrem Methodenset, ihrem Erkenntnisinteresse etc.[11]

Während in den **Formalwissenschaften** wie Logik und Mathematik die Argumentation formal aufgebaut werden kann, steht in den **Realwissenschaften** das Abbilden der Welt im Vordergrund. Die Tabelle auf der nächsten Seite gibt dazu einen Überblick.[12]

Die **Naturwissenschaften** haben die belebte oder unbelebte Natur zum Gegenstand, diese wird untersucht und als Teil eines abstrakten allgemeinen Gesetzes aufgefasst. Naturwissenschaftliche Erklärungen beruhen zumeist auf Beobachtungen (Biologie, Astronomie) oder können durch Experimente (Physik, Chemie) bestätigt bzw. widerlegt werden.

Die **Geisteswissenschaften** haben die Erzeugnisse des menschlichen Geistes zum Gegenstand, wobei die **Kulturwissenschaften** Sinn und Wert menschlichen Handelns in verschiedenen Lebenswelten untersuchen und

---

11 Vgl. Poser (2001); Schülein/Reitze (2005).

12 Eine tief gehende Analyse und Typologisierung von Wissenschaftsklassifikationen finden Sie in der Doktorarbeit von Rötzer (2006).

die **Sozialwissenschaften** mit qualitativen wie quantitativen Methoden die Handlungen, Motive, Ziele in der Beziehungswelt Mensch und Gesellschaft ergründen oder diese in Beziehung zu einem gesellschaftspolitischen Modell untersuchen, wie etwa die Wirtschaftswissenschaften.

<table>
<tr><th>Formalwissenschaften</th><th colspan="3">Realwissenschaften</th></tr>
<tr><td rowspan="3">• Logik
• Mathematik
• Informatik
• Theoretische Linguistik</td><td>Naturwissenschaften</td><td colspan="2">Geisteswissenschaften</td></tr>
<tr><td rowspan="2">• Physik
• Chemie
• Biologie
• Genetik
• Geologie
• Astronomie</td><td>Kulturwissenschaften</td><td>Sozial- und Wirtschaftswissenschaften</td></tr>
<tr><td>• Kunst- und Kulturwissenschaften
• Sprachwissenschaften
• Theaterwissenschaften
• Literaturwissenschaften
• Philosophie
• Pädagogik
• Geschichte
• Religionswissenschaften</td><td>• Soziologie
• Rechtswissenschaften
• Politikwissenschaft
• Psychologie
• Ethnologie
• Kommunikationswissenschaften
• Betriebswirtschaftslehre
• Volkswirtschaftslehre</td></tr>
<tr><td>Interdisziplinäre Wissenschaften</td><td colspan="3">• Ingenieurwissenschaften
• Medizin, Pharmazie
• Materialwissenschaften</td></tr>
</table>

Abbildung 3: Einteilung der Wissenschaften

Interdisziplinäre Wissenschaften untersuchen etwa die Anwendung der Formal- oder Naturwissenschaften in der realen Welt. Dazu gehören beispielhaft die Medizin oder die Ingenieurwissenschaften.[13]

1.6 Inhaltlicher Aufbau der Arbeit (Disposition)

Eine grundlegende inhaltliche Gliederung (*Disposition*) macht das Konzept der Arbeit sichtbar und stellt sich in der Regel als ein Inhaltsverzeichnis mit

13 So werden zum Beispiel die naturwissenschaftlichen Erkenntnisse über die Ausbreitung elektromagnetischer Wellen in der Mobilfunktechnologie angewendet.

Stichworten dar. Die Disposition soll bereits die Forschungsfrage enthalten und zeigt anhand der geplanten Kapitel einen „**roten Faden**" zur Beantwortung dieser Forschungsfrage.

Folgende **inhaltliche Bausteine** hat eine wissenschaftliche Arbeit zu enthalten:[14]

1. Einleitung
2. Hauptteil
3. Schluss (Fazit)

1.6.1 Einleitung

Die Einleitung fungiert als Einführung in das Thema, Rechtfertigung der Themenstellung sowie der Forschungsfrage und soll den Bezug zur aktuellen Diskussion herstellen. Die Einleitung umfasst drei Aspekte:

1. **Relevanz:** Warum ist das Thema überhaupt wichtig?
2. **Forschungsfrage:** Welche Frage(n) will die Arbeit beantworten?
3. **Vorgangsweise:** Wie gehe ich beim Bearbeiten und Beantworten der Frage(n) vor?

1.6.2 Hauptteil

Das Thema soll im Kontext der wissenschaftlichen Diskussion stehen. Hierzu erfolgen zunächst ein Überblick über die unterschiedlichen **theoretischen Definitionen und Ansätze zum jeweiligen Thema** und eine Abgrenzung zu anderen verwandten Themen und Begriffen.

Es ist zweckmäßig, zuerst die Hauptpunkte der Arbeit (Probleme, Fragen, Theorien etc.) klar darzustellen und dann die jeweiligen Unterpunkte zu formulieren. Hierbei soll bereits jetzt der „rote Faden" erkennbar sein. Der umgekehrte Weg (vom Speziellen zum Allgemeinen) ist weniger empfehlenswert, weil sich so Überschneidungen und Unklarheiten schwer vermeiden lassen.

Auch die **Unterkapitel** werden in **Einleitung, Hauptteil und Schluss** gegliedert. In jedem Kapitel soll eine kurze Einleitung den Leser vorbereiten, was ihn inhaltlich erwartet und nach dem Hauptteil soll ein Schlusskapitel die Ergebnisse zusammenfassen. Das ist nicht nur für die übersichtliche Bearbeitung des Themas, sondern auch besonders bei der ersten Begutachtung durch den Betreuer von entscheidender Bedeutung (siehe Kap. 1.10).

---

14 Die formale Gliederung (Deckblatt, Vorwort, Inhaltsverzeichnis, Anhang, Fußnoten, Gliederungstiefe etc.) behandeln wir später in Kap. 2.

1.6.3 Schluss (Fazit)

Den Abschluss der Arbeit bildet die **Zusammenfassung** der wesentlichen Ergebnisse, die folgende drei Punkte beinhaltet:

1. **Beantwortung** der Forschungsfrage, die Sie in der Einleitung aufgeworfen haben.
2. **Sinnstiftung** der Arbeit: Für welchen Zweck sollen die Ergebnisse verwendet werden?
3. Gegebenenfalls auch **persönliche** Bemerkungen und Bewertungen oder ein kurzer **Ausblick.**

1.6.4 Abstract (Kurzfassung)

Ein Abstract ist eine Kurzfassung der Arbeit, die – je nach Vorgabe – auf 1–3 Seiten deren wichtigste Inhalte enthält. An international orientierten Instituten ist darüber hinaus die Abfassung in englischer Sprache üblich. Das Abstract ist streng genommen kein Teil des inhaltlichen, sondern des formalen Aufbaus, weil **keine neuen Inhalte oder gar Erkenntnisse** präsentiert werden, **sondern eine Kurzfassung** von Einleitung, Hauptteil und Schluss.

☞ Der oder das „Abstract“ ist von der inhaltlichen Zusammenfassung im Schlusskapitel streng zu unterscheiden und wird erst nach dem Fertigstellen der Abschlussarbeit geschrieben. Anders als die Zusammenfassung folgt das Abstract als normierte Kurzfassung einer eigenen meist vorgegebenen Logik im Textaufbau.

1.7 Literaturarbeit vs. Empiriearbeit

Es hängt von Fachbereich, Themenstellung und von der Forschungsfrage ab, womit Sie Ihre Aussagen und Schlüsse rechtfertigen und ob Sie dafür (ausschließlich) auf **wissenschaftliche Literatur (Belege)** zurückgreifen oder (auch) **empirische Untersuchungen (Beweise)** durchführen.

Ein Beispiel für eine „Literaturarbeit“ wäre eine Dissertation über die Historie und den aktuellen Stand der *„Einteilung der Wissenschaften“*.

Eine wissenschaftliche Arbeit im Fachbereich Biologie wird sehr wahrscheinlich Beobachtungen beinhalten, im Fachbereich der Sozial- und Wirtschaftswissenschaften werden häufig Befragungen oder Interviews durchgeführt.

So oder so ist es **in jeder** wissenschaftlichen Arbeit wesentlich, den aktuellen Stand der Forschung / der Theorie zu rekonstruieren und zu diskutieren.

Zum besseren Überblick dient die nun folgende Tabelle, bei der wir **drei Aspekte der wissenschaftlichen Forschung** mit einbeziehen.[15] Maßgeblich sind hier:

- Der **Entdeckungszusammenhang**: Warum ist dieses Problem so relevant, dass es erforscht werden soll? Was ist die Motivation des Forschers, gegebenenfalls was sind die Interessen eines Auftraggebers?

Der Entdeckungszusammenhang wird in der **Einleitung** Platz finden. Sie begründen Ihr Interesse und die Relevanz, warum die aufgestellte Forschungsfrage auch tatsächlich beantwortet werden soll.

- Der **Begründungszusammenhang**: Welche Theorien können angewendet werden und welche Informationen werden zur Beantwortung der Forschungsfrage benötigt?

Der Begründungszusammenhang beschreibt im **Hauptteil** anhand der Einordnung der Forschungsfrage in die Theorie und der Bezugnahme auf die aktuelle Diskussion, wie Sie die Aufgabenstellung Schritt für Schritt deskriptiv bzw. praktisch abarbeiten. Sollten Sie empirische Untersuchungen durchführen, so werden Sie die Vorgangsweise an dieser Stelle näher und detaillierter beschreiben als etwa in der Einleitung.

- Der **Verwertungszusammenhang**: Für welchen Zweck sollen die Ergebnisse verwendet werden?

Der Verwertungszusammenhang dient im **Schluss- bzw. Folgerungsteil** der Sinnstiftung der Ergebnisse und Erkenntnisse.

15 Vgl. dazu auch Friedrichs (1990:51ff).

1 Einleitung

Integration des Aspekts: **„Entdeckungszusammenhang“**

- Problemstellung und Relevanz
- Forschungsfrage
- Vorgehensweise in der Arbeit

2 Hauptteil

Integration des Aspekts: **„Begründungszusammenhang“**

- Begriffsdefinitionen und Abgrenzungen
- Darstellung des Standes der Forschung/des Fachgebietes
- Eventuell Bildung einer oder mehrerer Hypothese(n)

Reproduktion und Diskussion

- Analyse der Umstände von Theoriebildung(en)
- Stand der Forschung reflektieren, Entstehung und Besonderheiten verstehen
- Vergleichung (Beurteilung) des Standes der Forschung und der Diskussion darüber
- Beantwortung spezifischer Fragestellungen anhand von Literatur

Anwendung bzw. Praxis

- Praktisches Problem bzw. Anwendungsfall definieren
- Qualitative bzw. quantitative Empirie
- Eventuell: Generierung und Überprüfung von Handlungsempfehlungen

3 Schluss- bzw. Folgerungsteil

Integration des Aspekts: **„Verwertungszusammenhang“**

- Zusammenfassung der Ergebnisse
- Beantwortung der Forschungsfrage
- Nutzenstiftung der Ergebnisse

Abbildung 4: Theoriearbeit versus Praxisarbeit

Prinzipiell können Sie also **Forschungsfragen für ein theoretisches oder praktisches Problem** formulieren. Bei theoretischen Forschungsfragen wird eine Grundlagenarbeit aus der Literatur ausreichend sein, bei praktischen Fragestellungen wird ein entsprechender Empirieteil sinnvoll sein.

Gerade bei Bachelor- und (theoretisch fundierter) in Masterarbeiten bietet sich die **funktionale Analogie** als eine mögliche Methodenform an: Wenden Sie dabei bekannte theoretische Ansätze, Modelle oder Mechanismen in bzw. an einem speziellen und konkreten Fall an.

Das könnte **beispielhaft** ein regionales Tourismuskonzept sein, das Sie auf einen konkreten Fremdenverkehrsbetrieb umlegen und untersuchen.

1.8 Planung und Umsetzung

Die Bearbeitungszeit wissenschaftlicher Abschlussarbeiten beträgt etwa zwei Wochen für eine Hausarbeit, zwei Monate für eine Bachelorarbeit, vier Monate für eine Masterarbeit, sechs Monate für eine Magisterarbeit und darüber hinaus für eine Doktorarbeit.

1.8.1 Zeiteinteilung

Egal wie viel Zeit Sie sich letztendlich für Ihre wissenschaftliche Arbeit nehmen (können), wir empfehlen Ihnen, nach der Vorbereitungsphase (Themenfindung, Gewinnen eines Betreuers, Literaturüberblick, Formulierung der Forschungsfrage etc.) jeweils 20 % für die Erkundungs- und Strukturierungsphase (Literaturrecherche und -studium, Konzeption, inhaltlicher Aufbau) sowie jeweils 30 % für Schreib- sowie Reflexionsphasen anzuberaumen.

Unterschätzen Sie bei Ihrer Zeiteinteilung bitte nicht die **Reflexionsphase**. Korrekturlesen, Fehlerkorrektur, Überdenken, Überarbeiten und eventuell partielles Umgestalten der Arbeit sowie Layoutieren der Endfassung nehmen erfahrungsgemäß einen beträchtlichen Anteil Ihrer zeitlichen Ressourcen in Anspruch.

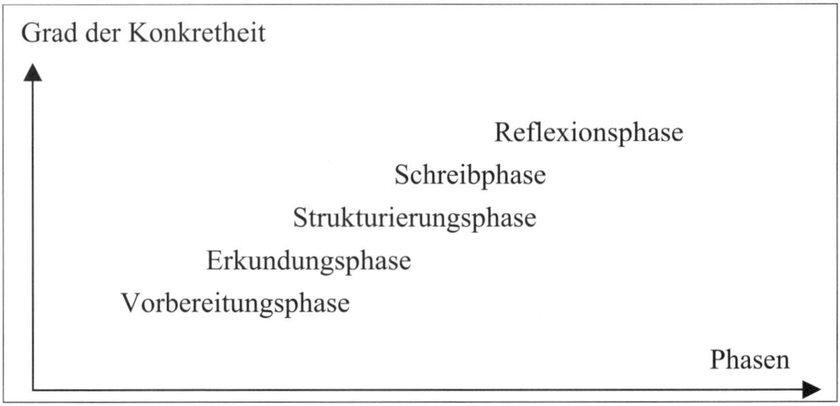

Abbildung 5: Die Phasen einer wissenschaftlichen Arbeit[16]

1.8.2 Arbeitstagebuch

Zur Dokumentation Ihres Arbeitsfortschrittes und zur Motivation kann ein Arbeitstagebuch nützliche Dienste leisten.[17] Es hilft, den aktuellen Arbeitsprozess zu reflektieren, und dient auch als Erinnerungsblock. Am Ende einer Arbeitssitzung können hier z. B. folgende Fragen beantwortet werden:

- Welche Quellen habe ich gesucht, gefunden, gegliedert?
- Was habe ich heute gelesen, worüber habe ich nachgedacht?
- Was habe ich verworfen oder eingegrenzt?
- Welche Ideen scheinen beachtenswert?
- Wo habe ich Schwierigkeiten, wer kann mir dabei helfen?
- Was sind meine nächsten Schritte?
- ...

Sollte Ihnen ein „Tagebuch" zu aufwendig erscheinen oder nicht Ihrem persönlichen Arbeitsstil entsprechen, so kann jedoch eine Art **Gedanken-Block** hilfreich sein. Notieren Sie – am besten handschriftlich – Gedanken und Schlüsse, haken Sie erledigte Punkte ab und ziehen Sie grafische Querverweise. Eine gern verwendete Methode sind **mind-maps**.

Es kommt beim Schreiben viele Male vor, dass ein „plötzlicher" oder „unvermuteter" Gedanke Sie kurz innehalten lässt, weil er nicht direkt zum aktuellen Absatz passt, aber anderswo relevant und passend sein kann. Aber bevor Sie damit ein neues Kapitel beginnen oder in der Arbeit springen,

16 Vgl. Schädler/Hohmeier (1997:15).
17 Vgl. Schädler/Hohmeier (1997:19).

schreiben Sie diesen Gedanken vorerst einmal separat auf Ihrem „Gedanken-Block“ auf und wenden Sie sich wieder dem aktuellen Absatz zu. Ständig hin und her zu springen ist zwar eine Art „multitasking“, aber es ist zielführender, die Konzentration auf einem aktuellen „task“ zu belassen und diesen fertig zu formulieren, bevor Sie sich einem neuen „task“ zuwenden und Ihre Konzentration darauf richten.

1.8.3 Was bedeutet „Eigenständigkeit“?

Bei einer wissenschaftlichen Abschlussarbeit wird von Ihnen verlangt, **eigenständig** zu arbeiten. Das bedeutet zuallererst, dass Sie die Arbeit selbst, also eigenständig, verfassen.

Der Anspruch an Sie, in der wissenschaftlichen Arbeit eine eigenständige geistige Leistung abzubilden, ist aber **nicht** gleichbedeutend damit, dass Sie in völliger **Einsamkeit** arbeiten sollen.

Eigenständigkeit bedeutet **nicht**, so zu tun, als wäre man immer „selbst darauf gekommen“. Im Gegenteil! Es ist bei wissenschaftlicher Sorgfalt sogar eine Pflicht, anerkannte Theorien und Meinungen zu zitieren.

Wissenschaftlich Schreiben ist ein Dialog mit sich selbst. Es geht dabei jedoch **nicht** darum, das *„einzig Richtige“* zweifelsfrei darzustellen und zu argumentieren, **sondern** durchaus Pro und Contra sowie auch Widersprüche zu diskutieren. Eine Ausnahme bilden hier die Formal- oder auch die Naturwissenschaften (siehe Kap. 1.5). In den Bereichen der Mathematik oder der Genetik ist es möglich, innerhalb festgelegter Parameter zweifelsfrei richtige Lösungen zu präsentieren. Was in der Mathematik *„eine Regel“* ist, mutiert in den Sozialwissenschaften gerne zu *„in der Regel“*.[18]

Wissenschaftliches Argumentieren bedeutet, seine Aussagen bzw. den Zusammenhang einer getätigten Aussage auch entsprechend durch Belege und Zitate anderer Autoren abzusichern und zumindest deren Meinung dazu abzubilden.[19] Es geht darum, das Wissen anderer Autoren in seine eigene Arbeit einzubeziehen, entweder als Beleg oder passend für den Zusammenhang oder eben auch im Widerspruch.

---

18 Was im mathematischen Durchschnitt gilt, muss nicht für jedes einzelne Individuum gelten. Auch wenn der Deutsche laut Bundesanstalt für Landwirtschaft und Ernährung (www.ble.de) im Jahr 2013 im Durchschnitt 19,4 Kilogramm Geflügelfleisch gegessen hat, so gilt das aber trotzdem nicht für jeden einzelnen Deutschen, sondern eben nur „in der Regel".

19 Mehr dazu später in Kap. 3.

1.8.4 Was tun bei Schreibblockaden?

Was die **emotionale Komponente** des eigenständigen Arbeitsprozesses betrifft, so werden auch Ausdauer, Konsequenz und Geduld auf die Probe gestellt. Wenn Ihnen einmal alles zu viel wird, dann gönnen Sie sich eine **Pause** und gehen Sie zurück zur **Forschungsfrage**. Ob Sie thematisch am richtigen Weg sind, können Sie am besten dadurch überprüfen, ob das, was Sie gerade tun, zur Beantwortung dieser Frage beiträgt.

Das Schreiben und das wiederkehrende Lesen der Literatur wird Sie zu Erkenntnissen führen, die Sie vor dem Schreiben noch nicht hatten bzw. nicht haben konnten. Folgen Sie also beim Schreiben Ihrem Konzept (Theorie, Forschungsfragen) und folgen Sie dann aber auch beim Lesen und Schreiben neuen Aspekten, die Sie gegebenenfalls in Ihr Konzept aufnehmen oder (begründet) verwerfen.

☞ Eine gute Methode zur Auflösung von **Schreib- oder Denk-Blockaden** sind Gespräche; und zwar weniger therapeutische, sondern inhaltliche. Erzählen Sie einem guten Freund oder einer Studienkollegin was Sie vorhaben, worum es in Ihrer Arbeit geht, was Sie herausfinden wollen und wie Sie bereits Gelesenes oder Überlegtes analysieren und argumentieren. Lassen Sie es dabei bewusst zu, dass Sie vom Gegenüber dazu inhaltlich befragt werden und stellen Sie fest, ob Ihre Ausführungen auf Interesse bzw. Verständnis stoßen. Sie werden sehen, das kann sehr hilfreich sein.

1.9 Stil der Arbeit

Man kann durchaus flüssig und auch pointiert formulieren, ohne dabei umgangssprachliche Wendungen oder einen allzu saloppen Ton zu gebrauchen. Abgesehen von Irritationen, die ein nicht wissenschaftlicher und inadäquater Stil beim Lesen hervorruft, erwecken plump gewählte Ausdrücke und Formulierungen bei Betreuern eher den Eindruck, Sie hätten **Sachlichkeit** und wissenschaftlichen Ernst vermissen lassen. Eines hat jedenfalls – auch wenn es manchmal verlockend scheint – keinen Platz: **Ironie**. Ein Smiley mit einem Augenzwinkern ;-) ist zwar aus unserem Alltag mit E-Mail, facebook und Co. nicht mehr wegzudenken, jedoch in einer wissenschaftlichen Abschlussarbeit fehl am Platz.

1.9.1 Thesaurus

Seien Sie sich dessen bewusst, dass in der Regel die erste sprachliche Formulierung das Gedachte nicht in idealer Form verbalisiert. Erst durch **mehrfache** Überarbeitungen und Ergänzungen wird der Stil Ihrer Arbeit einem wissenschaftlichen Niveau gerecht werden.

Nützliche Dienste kann Ihnen dabei der in den meisten Textverarbeitungsprogrammen enthaltene „Thesaurus“ leisten. Wenn Sie den Thesaurus aufrufen, schlägt Ihnen das Programm zu den von Ihnen eingegebenen Wörtern entsprechende verwandte Begriffe vor. Damit vermeiden Sie die überbordende Verwendung derselben Begriffe.

So liefert Ihnen etwa der Thesaurus im Textverarbeitungsprogramm Word für Windows (aufrufbar über das Menü „Überprüfen“) für den Begriff „Anerkennung“ mehrere bedeutungsverwandte Begriffe, also **Synonyme**, wie etwa: Bestätigung, Ansehen, Anklang, Respekt, Wertschätzung, Würdigung, Zustimmung, Erkenntlichkeit etc. Darüber hinaus werden auch die entsprechenden **Antonyme** wie etwa: Ablehnung, Beanstandung, Beschwerde, Geringschätzung, Kritik, Missachtung etc. angezeigt.

1.9.2 Stilmittel

In wissenschaftlichen Arbeiten sind alltagssprachliche Redewendungen oder Stilmittel zu vermeiden. Welche Stilmittel Sie in Ihrer Arbeit besser nicht verwenden, beschreibt unter anderen Theisen anschaulich:[20]

20 Vgl. Theisen (1998:121ff).

Aspekt	Vermeiden Sie ...
Unseriöse Wendungen	• *„Es kann gezeigt werden, dass ...“* • *„so sagt man“* • *„Es ist wohl logisch, dass ...“* • *„Da leuchtet es selbstverständlich ein, dass ...“*
Superlative, die dem Leser den Eindruck vermitteln sollen, man hätte gerade etwas unglaublich Bedeutsames herausgefunden	• *„Das sind deutlichste Indikatoren dafür.“* • *„Ein unglaublich falscher Ansatz.“* • *„Das ist sicher die optimalste Alternative.“* • *„Was sich somit als einzig richtiges Modell herausstellt.“*
Künstliche Überhöhungen	• *„enorm“* • *„erheblich“* • *„immens“*
Abwertende Adverbien, die den dahinter stehenden Satz als gerade noch erwähnenswert und damit unwichtig erscheinen lassen	• *„übrigens“* • *„irgendwie“* • *„eigentlich“*
Gedankenlücken	• *„Nun, dann widmen wir uns dem nächsten Aspekt.“*
Alltagssprachliche Füllwörter	• *„natürlich“* • *„selbstverständlich“* • *„an und für sich“* • *„gewissermaßen“* • *„sozusagen“*

Abbildung 6: Stil der Arbeit

Selbiges gilt für den überbordenden Einsatz des Wortes **„soll“**.

- Also nicht: *„Im nächsten Kapitel soll untersucht werden, ob“*, sondern: *„Im nächsten Kapitel wird untersucht, ob ...“*

Achten Sie auf ein **ausgewogenes Verhältnis von positiven und negativen Aussagen**. Auch wenn es gegebenenfalls interessant ist, warum etwas *nicht* funktioniert, so stehen Aussagen, die erklären, warum etwas so ist, wie es ist, aus wissenschaftlicher Sicht im Fokus.

1.9.3 Der „Ich-Bezug"

Die Verwendung des **Ich-Bezugs** wird in der Lehre kontroversiell diskutiert. Während einige Lehrende die Verwendung „erlauben", sehen andere die Verwendung eines Ich-Bezugs als Tabubruch an.

Wir – die Autoren – sind hier der Auffassung, dass es durchaus auf den wissenschaftlichen Kontext ankommt. „Kritischere" Einlassungen wie z. B. Cultural Studies, Gender Studies, Postcolonial Studies oder aber auch normative Diskurse (z. B. der Wirtschafts- und Medienethik) haben mehr Raum für derlei Aussagen.

Ganz prinzipiell haben unseres Erachtens **Werturteile** der Autorin/des Autors in der eigenen Arbeit Platz, sofern diese auch als solche transparent gemacht werden. Das gelingt mit Formulierungen, die explizit auf Ihre Meinung verweisen, wie:

- *„Meines Erachtens..."*

Persönliche Bemerkungen oder Bewertungen haben jedenfalls im Schlussteil der Arbeit Platz. Bei der Beantwortung der Forschungsfrage können Sie durchaus Ihre Meinung dokumentieren. Jedoch ist es auch hier nötig, Ihre Meinung unmissverständlich und in Abgrenzung zu den Ergebnissen des wissenschaftlichen objektiven Forschungsprozesses als solche kenntlich zu machen. Jedenfalls zu vermeiden sind jedoch Formulierungen wie:

- *„Ich komme zu dem Schluss, dass ..."*

Stanley Maloy, Professor an der University of California, schreibt in seinen „Guidelines for Writing a Scientific Paper":[21]

> *"Third vs first person. It is OK to use first person in scientific writing, but it should be used sparingly – reserve the use of first person for things that you want to emphasize that 'you' uniquely did (i.e. not things that many others have done as well). Most text should be written in the third person to avoid sounding like an autobiographical account penned by a narcissistic author."*

21 Online unter URL: http://www.sci.sdsu.edu/~smaloy/MicrobialGenetics/topics/scientific-writing.pdf [30.5.2011].

Häufig sind Arbeiten **mit dass-Sätzen überfrachtet**. Dies können Sie vermeiden, indem Sie in *„dass-Konstruktionen"* den einleitenden Satzteil auf ein einziges Wort reduzieren. Also statt *„Es ist bekannt, dass Bienen zu den Blumen fliegen …"* schreiben Sie besser: *„Bekanntlich fliegen Bienen …"* oder statt *„Es ist offensichtlich, dass …"* schreiben Sie: *„Offensichtlich haben …"*.

1.9.4 Gendermainstreaming

Die Frage der Verwendung geschlechtsneutraler Formulierungen in wissenschaftlichen Texten **polarisiert**. Wir geben Ihnen hier einige Hinweise, wie Sie Rücksicht auf eine geschlechtergerechte(re) Sprachverwendung nehmen können und trotzdem den Lesefluss nicht beeinträchtigen.[22]

Sofern Sie diese Strategie ernsthaft verfolgen, können Sie neben dem (schon obligaten) Hinweis am Beginn einer wissenschaftlichen Arbeit: *„Auf geschlechtsneutrale Formulierungen wurde aus Gründen der Lesbarkeit verzichtet. Im Text sind immer beiderlei Geschlechter gemeint."* mit gutem Gewissen – so oder so ähnlich – hinzufügen: *„Trotzdem wurde (ohne Anspruch auf Vollständigkeit) auf möglichst geschlechtsneutrale Formulierungen geachtet."*

Zur Umsetzung haben Sie zwei Möglichkeiten: **Sichtbarmachen** des Geschlechts oder **Neutralisieren** des Geschlechts.

Grundsätzlich sind Methoden des Sichtbarmachens zu bevorzugen, weil sie eindeutig das natürliche Geschlecht benennen. Bei umfangreichen Texten können ergänzend dazu Methoden des Neutralisierens eingesetzt werden.

Vermeiden Sie das Binnen-I (*„der/die TeilnehmerIn, TeilnehmerInnen"*). Es ist zwar die „einfachste" und platzsparendste Form geschlechtergerechter Formulierung, allerdings werden ohnehin schon lange Wörter durch das Binnen-I noch länger und damit schwerer lesbar. Zum Teil entstehen bei ungeübten Autorinnen bzw. Autoren grammatikalisch falsche oder nicht existente Worte (*„die/der ÄrztIn"*).

Auch nicht ratsam sind Erweiterungen, die auf Artikel, Pronomen oder unbestimmte Zahlwörter angewendet werden (*„jedeR TeilnehmerIn"*).

---

22 Vgl. http://www.birgit-primig.at/textgestaltung/gender-regeln-1 sowie http://www.uni-klu.ac.at/akgleich/old/assets/pdf/kurz_und_buendig_druckversion.pdf [7.1.2010].

Bei wissenschaftlichen Arbeiten ist es besser, sich im Plural für die Paarform zu entscheiden („*Teilnehmerinnen und Teilnehmer*“) und diese mit neutralen Formen („*Teilnehmende*“) zu kombinieren.[23]

Anbei finden Sie noch einige Hinweise und Beispiele für die Praxis:

statt …	**können Sie schreiben …**
Verwendung geschlechtsneutraler Bezeichnungen im Plural:	
Mitarbeiterinnen und Mitarbeiter	Bedienstete, Arbeitskräfte, Team, Belegschaft
Teilnehmerinnen und Teilnehmer	Teilnehmende
LehrerIn (LehrerInnen)	Lehrende, Lehrperson(en)
VorgesetzteR	Führungskraft
Anstatt sich auf konkrete Personen zu beziehen, wird deren Funktion, Amt oder Gruppenzugehörigkeit benannt:	
die Mitarbeiterinnen und Mitarbeiter des Projekts	das Projektteam
die Referatsleiterin/der Referatsleiter	die Referatsleitung
Kreative Formulierungen:	
Zugang für RollstuhlfahrerInnen	rollstuhlgerechter Zugang
TeilnehmerInnenliste	Teilnahmeliste
PraktikantInnenstelle	Praktikumsstelle
Rat der Ärztin/des Arztes	ärztlicher Rat
Passivformen:	
Die AbsolventInnen erhalten nach dem Kurs eine Bestätigung.	Nach Absolvierung des Kurses wird eine Bestätigung ausgestellt.
Die TeilnehmerInnen der Sitzung haben eine To-do-Liste erstellt.	In der Sitzung wurde eine To-do-Liste erstellt.
Sichtbarmachen des Geschlechts im Plural (bei Wörtern, wo weder im Singular noch im Plural erkennbar ist, ob es sich dabei um weibliche oder männliche Personen handelt):	
die Befragten/die Mitglieder	die weiblichen Befragten/Mitglieder bzw. die männlichen Befragten/Mitglieder

Abbildung 7: Geschlechtergerechte Formulierungen

23 Bei der Paarform empfiehlt es sich, die weibliche Form vor die männliche Form zu stellen, und das durchgängig.

1.10 Beurteilung wissenschaftlicher Arbeiten

In die Beurteilung wissenschaftlicher Arbeiten fließen gleichermaßen formale, inhaltliche und methodische Aspekte ein.

1.10.1 Methodik beim Beurteilen der Arbeit

Erfahrungsgemäß wird bei der Beurteilung die wissenschaftliche Arbeit – besonders wenn sich der Beurteiler in einem ersten Durchgang einen Überblick verschaffen will – nicht einfach von Anfang bis Ende durchgelesen, sondern:

- Nach Durchsicht des **Inhaltsverzeichnisses** folgt die **Einleitung**, um Themenstellung, Forschungsfrage und Vorgangsweise zu prüfen.
- Danach folgen **Schluss bzw. Zusammenfassung** zur Erkundung der Ergebnisse und ob diese einer objektiven wissenschaftlichen Form entsprechen.
- Der Beurteiler verbindet mit Ihrem Thema bestimmte Quellen, Bücher, Beiträge und kontrolliert deshalb das **Literaturverzeichnis**.
- Danach studiert er den **Hauptteil** der Arbeit. Hier wiederum zuerst Anfang und Schluss der aufeinander folgenden Kapitel.

1.10.2 Ein Kriterienkatalog zur Beurteilung

Zur Beurteilung von wissenschaftlichen Arbeiten hat Bänsch (1998:73ff) einen Kriterienkatalog zusammengestellt. Dieser Katalog bietet Ihnen Anhaltspunkte, welche Fragen bei der Beurteilung Ihrer Arbeit eine Rolle spielen (können), und wird in diesem Zusammenhang und zum Zwecke einer guten Vorbereitung von uns empfohlen.[24]

Fragestellung

- Ist die Fragestellung klar formuliert?
- Ist die Fragestellung themenadäquat, d. h., bezieht sie sich ausschließlich auf das vorliegende Thema?
- Ist die Fragestellung dem Typ der jeweiligen wissenschaftlichen Arbeit adäquat, d. h., schöpft sie das Thema hinsichtlich Breite und Tiefe in der Form aus, die man z. B. bei einer Hausarbeit, einer drei- oder sechsmonatigen Masterarbeit oder einer Dissertation fordern kann?

---

24 Wir haben lediglich geringfügige Adaptionen auf Basis unserer Erfahrungen vorgenommen.

Behandlung der Fragestellung

- Zeigen die Ausführungen themenfremde und/oder in der dargebotenen Breite nicht themennotwendige Passagen?
- Werden Argumentations-/Beleg-/Beweisketten entwickelt (oder werden einfach Behauptungen aufgestellt, bloße Mutmaßungen und/oder Spekulationen unterbreitet)?
- Sind die entwickelten Argumentations-/Beleg-/Beweisketten in sich widerspruchsfrei?
- Werden in Relation zu dem zu demonstrierenden wissenschaftlichen Niveau „Selbstverständlichkeiten/Trivialitäten" ausgebreitet?
- Gibt es ungerechtfertigte Wiederholungen?

Ergebnisse

- Sind die Ergebnisse klar formuliert?
- Harmonisieren die Ergebnisse mit der Fragestellung?
- Sind die Ergebnisse in sich widerspruchsfrei?
- Sind sie die folgerichtigen Schlussglieder von Argumentations-/Beleg-/Beweisketten?

Definitionen, Prämissen, Untersuchungsdesigns

- Sind alle definitionspflichtigen Begriffe klar und problemstellungsgemäß gefasst und konsequent durchgehalten sowie Definitionsunterschiede bei Literaturbezügen korrekt berücksichtigt?
- Sind alle verwendeten Prämissen und im Laufe der Arbeit vollzogene Prämissenänderungen jeweils klar angezeigt und haben Prämissenunterschiede bei Literaturbezügen die notwendige Beachtung gefunden?
- Ist im Falle eigenvollzogener empirischer Untersuchungen das jeweilige Untersuchungs- und Auswertungsergebnis klar und vollständig offen gelegt und ist bei Bezugnahmen auf fremdvollzogene empirische Untersuchungen deren Design verständig berücksichtigt?

Stil und Sprachregeln

- Ist die Arbeit in ihrer Wortwahl und Ausdrucksweise verständlich, prägnant und treffend?
- Sind die einzelnen Sätze klar, inhaltlich aussagefähig und in sich logisch?
- Sind die Satzverknüpfungen sprachlich und logisch korrekt, spiegeln die Satzfolgen in lückenloser Form die dem Untersuchungsziel adäquaten Gedankenabläufe wider?
- Zeigt die Arbeit Verstöße gegen die Regeln der Rechtschreibung, Grammatik oder Zeichensetzung?

Literaturbearbeitung und Zitierweise

- Wurde qualitativ angemessene Literatur in gebührendem Umfang herangezogen?
- In welchem Umfang spiegelt sich die im Literaturverzeichnis ausgewiesene Literatur tatsächlich im Text der Arbeit wider?
- Wurde die Literatur korrekt (ohne Verfälschungen, auf letztem Stand, primär) ausgewertet?
- In welchem Grade und auf welchem Niveau ist kritische Auseinandersetzung mit der Literatur zu registrieren?
- Ist die Zitierweise adäquat (unnötiges Zitieren, Ausmaß wörtlichen Zitierens)?
- Ist die Zitierweise korrekt (eindeutige Erkennbarkeit übernommenen und eigenen Gedankengutes, Vollständigkeit der Angaben zu den einzelnen Quellen)?

Gliederung

- Ist die Gliederung formal korrekt (konsequente Gliederungs-Klassifikation, tatsächliche und vollständige Untergliederung, richtige Zuordnung von Ober- und Unterpunkten, Kriterienreinheit der Untergliederungen, angemessene Gliederungstiefe)?
- Ist die Gliederung in allen Teilen und insgesamt inhaltlich verständlich und in Bezug auf das Thema aussagekräftig?

Eigenständigkeit

- Zeigt die Arbeit Eigenüberlegungen in Form eigener Ansätze, zeigt sie Umsetzung eigener Ideen?
  - Auf welchem Niveau liegen diese Eigenleistungen?
  - Wie treffend/abgesichert erweisen sie sich?
- Werden Widersprüche und Fragwürdigkeiten in der Literatur herausgearbeitet, kommentiert und aufzulösen versucht?
- Zeigt die Arbeit Eigenständigkeit hinsichtlich
  - des Konzeptes der Problembearbeitung
  - der Darstellung/Illustration, der Verdichtung und Verknüpfung des gesammelten Materials
  - der Texte zur Wiedergabe/Kommentierung der Literatur?

Darstellung und Verzeichnisse

- Sind die Darstellungen (Abbildungen, Tabellen) korrekt durchnummeriert und inhaltlich bezeichnet?
- Wurden die erforderlichen Verzeichnisse (Inhalts-, Abkürzungs-, Symbol-, Abbildungs-, Literaturverzeichnis) korrekt angelegt?

Reinschrift

- Sind das Deckblatt und alle Textseiten in richtiger Aufteilung (Rand, Zeilenabstände) gut lesbar (Größe, Konturierung) gestaltet und in richtiger Form nummeriert?
- Wurde die eventuell vorgegebene Seitenzahl eingehalten?
- Ist die eventuell geforderte eidesstattliche Erklärung korrekt verfasst, datiert und eigenhändig mit Vor- und Zunamen auf allen einzureichenden Exemplaren unterschrieben?

1.11 Die Abfassung der Arbeit in englischer Sprache

Immer noch in der Minderheit aber im Steigen begriffen sind wissenschaftliche Abschlussarbeiten in englischer Sprache. Wir möchten Ihnen an dieser Stelle einige Hinweise geben. Für die Details verweisen wir als Literaturempfehlung etwa auf Tim Skern, „Writing Scientific English: A Workbook" (2009).

Die englische Sprache weist im Vergleich zum Deutschen einige Unterschiede auf, die Sie beachten sollten. Auch wenn Englisch im Bereich der Wissenschaften die globale Sprache ist, so ist dies historisch begründet und nicht etwa aufgrund einer besonderen Charakteristik der Sprache selbst.

Vorteilhaft ist die englische Sprache durch ihre vergleichsweise einfache Grammatik und einen reichen Wortschatz. Unkompliziert auch deshalb, weil Gender-Fragen im Englischen entfallen.

Eine Detailfrage für Studierende ist, ob die Arbeit in British English oder in American English verfasst werden soll. Wir teilen hier die Einschätzung von Tim Skern, dass jedenfalls eine klare und konzise Verwendung der Sprache im Vordergrund steht. Sollten Sie Ihre Arbeit nach der Approbation in einem wissenschaftlichen Journal veröffentlichen wollen, dann werden Ihnen die Lektoren beim „streamlinen" Ihrer Arbeit ohnedies unter die Arme greifen. American English ist „jünger" und damit unkomplizierter, was etwa auch die Verwendung der Artikel („a" oder „the") betrifft.

Es empfiehlt sich, einige wissenschaftliche Arbeiten in englischer Sprache zu lesen, um betreffend Aufbau und Stilistik an Sicherheit zu gewinnen.

Häufig werden die Quellen zu einem Kapitel am Ende desselben und nicht erst am Ende der Arbeit angeführt, Quellenverweise sind häufiger im Text als unter Fußnoten zu finden.

Ein „Scientific Paper“ hat folgenden Aufbau:[25]

☞ **Abstract**: An abstract is a succinct summary of the entire paper. The abstract should briefly describe the question posed in the paper, the methods used to answer this question, the results obtained, and the conclusions. It should be possible to determine the major points of a paper by reading the abstract.

Introduction: The Introduction should (i) describe the question tested by the experiments described in the paper, (ii) explain why this is an interesting or important question, (iii) describe the approach used in sufficient detail that a reader who is not familiar with the technique will understand what was done and why, and (iv) very briefly mention the conclusion of the paper.

Materials and Methods: The Materials and Methods section should succinctly describe what was actually done. It should include description of the techniques used so someone could figure out what experiments were actually done.

Results: Begin each paragraph with an opening sentence that tells the reader what question is being tested in the experiments described in that paragraph. Write the opening sentence in bold font for emphasis. (Sometimes a complete sentence is used and sometimes a short phrase is used.)

Discussion: Do not simply restate the results – explain your conclusions and interpretations of the Results section. How did your results compare with the expected results? What further predictions can be gleaned from the results?

25 Vgl. Stanley Maloy: Guidelines for Writing a Scientific Paper, online unter URL: http://www.sci.sdsu.edu/~smaloy/MicrobialGenetics/topics/scientific-writing.pdf [30.5.2011].

2 Form und Formatierung

„Ist nun der Inhalt wissenschaftlich oder die Form?“ Selbstverständlich beides!

Die **inhaltliche Relevanz** Ihrer Ausführungen wird sich jedenfalls an Ihrem Konzept und in der Argumentation sowie – je nach wissenschaftlichem Anspruch – im fachlichen Diskurs erweisen müssen.

Die Qualität Ihrer Arbeit hängt aber auch wesentlich von der **Beachtung der Formvorschriften**, die dem Wissenschaftsbetrieb eigen sind, ab.

Beim formalen Aufbau der Arbeit – besonders was die Art und Weise der Nummerierung der Kapitelüberschriften betrifft – scheinen sich einzelne Institute bzw. Fachbereiche regelrecht mit eigenen Varianten zu überbieten:

- Vorwort vor oder nach dem Inhaltsverzeichnis
- Anhang vor oder nach dem Literaturverzeichnis
- Beginn der Seitenzählung mit Deckblatt oder Inhaltsverzeichnis oder Einleitung
- Literaturverzeichnis und Anhang mit/ohne Seitenzahlen bzw. mitzählen/nicht mitzählen
- Inhaltsverzeichnis mit I, II, III nummerieren und nicht mitzählen
- Abschnitte mit A, B, C nummerieren, Einleitung mit 0 nummerieren
- Anhangsüberschriften mit 1, 2, 3 oder A, B, C, oder I, II, III nummerieren usw.

Kurz gesagt: Sollte es in Ihrem Fachbereich **formale Vorgaben** geben, so verwenden Sie diese. Existieren keine Vorgaben oder decken diese nicht alle formalen Bereiche ab, übernehmen Sie unsere Vorgaben als **Grundlage**.

> Als oberster Grundsatz gilt jedenfalls: Der formale Aufbau bzw. das Layout der Arbeit muss konsistent, also zusammenhängend sein. Es gibt **nicht „den einzig richtigen“ formalen Aufbau**, sondern im Vordergrund steht, dass z.B. Zitate nachvollziehbar belegt und mit den Einträgen im Literaturverzeichnis verbunden sind. Ob Sie dazu Fußnoten oder Verweise im Text verwenden, ist wissenschaftlich gesehen absolut zweitrangig.

2.1 Formale Bausteine der Arbeit

Eine wissenschaftliche Arbeit besteht aus den in diesem Kapitel dargestellten **11 Bausteinen**. Von Ihnen festzulegen ist, in welcher **Reihenfolge** diese Bausteine angeordnet werden.

Während ein Fachbereich das Abkürzungsverzeichnis gerne ganz vorne sieht, wollen andere dieses nach dem Literaturverzeichnis oder etwa im Anhang eingefügt sehen. Verlangen manche Studiengänge eine Kurzfassung in deutscher und/oder englischer Sprache, so wird an anderen Instituten ein Lebenslauf verlangt.

Die gute Nachricht für Sie ist, dass sich dies ziemlich einfach abklären lässt. Vorteilhaft ist jedenfalls die Möglichkeit, einzelne Bausteine im Textverarbeitungsprogramm auch noch nachträglich zu verschieben.

Die 11 Bausteine einer wissenschaftlichen Arbeit sehen Sie wie folgt zusammengefasst:

	Baustein	**Enthält**
1	Deckblatt *Einige Fachbereiche stellen dazu ein Formular zur Verfügung*	Titel der Arbeit, Art der Arbeit, Fachbereich und (Hoch-)Schule, Name der Verfasserin/des Verfassers, Ort und Jahr
2	Erklärung *Gegebenenfalls Teil eines Deckblatt-Formulars*	Erklärung, dass die Arbeit ohne fremde Hilfe erstellt wurde. Die Erklärung muss unter Angabe von Ort und Datum persönlich unterschrieben sein.
3	Vorwort (inkl. Danksagung)	Persönliche Zeilen der Autorin/des Autors zur Arbeit. Hier ist auch Platz für Danksagungen an die wissenschaftlichen Betreuer und an alle, die in irgendeiner Art behilflich waren.
4	Abstract (Kurzfassung)	Eine normierte Kurzfassung der Arbeit, die Relevanz und Zielsetzung des Werkes herausstreicht und dessen wichtigste Inhalte enthält. Wird in der Regel vor dem Inhaltsverzeichnis oder nach dem Literaturverzeichnis platziert.
5	Inhaltsverzeichnis	Gibt einen Überblick über den Inhalt. Wird im Textverarbeitungsprogramm automatisch erstellt (siehe Kap. 2.2).
6	Abbildungsverzeichnis (inkl. Tabellen)	Bilder, Tabellen und andere Arten der Abbildung. Wird im Textverarbeitungsprogramm automatisch erstellt (siehe Kap. 2.2).
7	Kapitel (Textteil)	Die Kapitel (i.d.R. 3 bis 10) werden mit arabischen Ziffern (1, 2, 3 ...) nummeriert. Unter den Hauptkapiteln befinden sich die Unterkapitel.
8	Abkürzungsverzeichnis	Sollten Sie Abkürzungen verwenden, die erklärungsbedürftig sind, fügen Sie diese in ein Abkürzungsverzeichnis ein. Am besten in einer zweispaltigen Tabelle. Dieses Verzeichnis kann im Anhang untergebracht werden.
9	Literaturverzeichnis	Enthält alle Bücher und Belege der verwendeten Quellen. Hier ist auch Platz für die Link-Sammlung der verwendeten Internet-Quellen.
10	Lebenslauf (bzw. Information über Autorin/Autor)	Curriculum Vitae der Autorin/des Autors (ggf. inkl. Foto). In der Regel vor dem Inhaltsverzeichnis oder nach dem Literaturverzeichnis.
11	Anhang	Sonstige Quellen und ergänzende Materialien, wie Protokolle, Fragebögen von Interviews, Tabellenblätter, aus denen im Text zitiert wurde, etc.

Abbildung 8: Bausteine einer wissenschaftlichen Arbeit

2.1.1 Haus- und Seminararbeit

Haus- und Seminararbeiten sind in der Regel **einseitig gedruckt**, anschließend zu heften oder/und in eine Mappe einzulegen.

Hinsichtlich der **Anzahl der Exemplare** bei Übungs- und Seminararbeiten kann es in den jeweiligen Lehrveranstaltungen unterschiedliche Vorgaben geben. In der Regel erhalten zumindest die Übungs- bzw. Seminargruppen und die Lehrveranstaltungsleiter ein Exemplar.

Ordnungsschema einer Haus- bzw. (Pro-)Seminararbeit

(1) Deckblatt
(2) Vorwort (falls gewünscht)
(3) Inhalts- und Abbildungsverzeichnis
(4) Textteil (Einleitung, Hauptteil, Schluss)
(5) Literaturverzeichnis
(6) (ggf.) Anhang (Tabellen, Fragebögen etc.)

Das Vorwort kann auch nach dem Inhaltsverzeichnis stehen.

(1) Deckblatt

Das Deckblatt enthält: Titel der Lehrveranstaltung (LV-Nummer), Semester, Jahr, Lehrveranstaltungsleiter, Thema der Arbeit, Verfasser mit Name bzw. Matrikelnummer.

Seminar aus Philosophie

Univ.-Prof. Kurt Seewald
Institut für Philosophie

LV 80573 : Natur und Ethik
SS 2011

Thema der Arbeit
„Ethische Grundsätze im Umweltschutz"

Manuela Pegrin	0909889
Elena Ulitina	1077000
Kurt Reuter	1160606
Fritz Vollmann	0945454

Abbildung 9: Titelblatt einer Seminararbeit[26]

---

26 Fiktives Beispiel.

(2) Vorwort

Im Vorwort haben Hinweise auf verwendete Vorlesungs- bzw. Seminarstoffe (wie Referate, Vorträge etc.) ihren Platz.

Zu den anderen Teilen wie **Inhalts- und Abbildungsverzeichnis, Textteil** etc. siehe das folgende Kapitel.

2.1.2 Aufbau einer Abschlussarbeit

Abschlussarbeiten zur Erlangung eines akademischen Grades werden in der Regel einseitig gedruckt und mit einem harten **Einband** unter Angabe des Autors gebunden.

Sofern für die Abschlussarbeit das Verfassen eines **Abstracts** verlangt wird: Das Abstract wird in der Regel vor dem Inhaltsverzeichnis oder nach dem Literaturverzeichnis platziert.

Einige Institute geben vor, ein **Curriculum Vitae** der Autorin/des Autors (inkl. Foto) in die Arbeit zu integrieren.

Ordnungsschema

(0) Leeres Blatt
(1) Deckblatt (bzw. das entsprechende Formular)
(2) Ehrenwörtliche Erklärung (sofern nicht am Deckblatt)
(3) Vorwort
(4) Abstract
(5) Inhaltsverzeichnis
(6) Abbildungsverzeichnis
(7) Textteil (Einleitung, Hauptteil, Schluss)
(8) Information über die Autorin/den Autor
(9) Abkürzungsverzeichnis
(10) Literaturverzeichnis
(11) Anhang

Das Vorwort kann auch nach dem Inhaltsverzeichnis stehen.

(1) Deckblatt

Sofern elektronische Formulare Ihres Institutes oder Fachbereiches angeboten werden, können Sie diese direkt im Textverarbeitungsprogramm ausfüllen und mit der Arbeit ausdrucken.

Ansonsten müssen Sie das Deckblatt nach Institutsvorgabe selbst gestalten. Nehmen Sie dazu etwa kürzlich erstellte Abschlussarbeiten Ihres Fachbereiches/Institutes beispielgebend zur Hand.

(2) Ehrenwörtliche Erklärung

Ist die ehrenwörtliche Erklärung nicht Teil des Deckblattes (siehe Abbildung 10), dann müssen Sie eine eigene Erklärung verfassen. Diese folgt in diesem Fall dem Deckblatt auf einer eigenen Seite; auf der nächstfolgenden Seite steht dann das Inhaltsverzeichnis.

Sie erklären mit Datum und Unterschrift **ehrenwörtlich**, die Arbeit selbst verfasst und nur die angegebenen Quellen verwendet zu haben. Darüber hinaus bestätigen Sie, dass Sie die vorliegende Arbeit an keiner anderen Universität oder (Hoch-)Schule eingereicht haben (siehe Abbildung 11).

(3) Vorwort

Das Vorwort enthält:
- Hinweise darauf, von wem die Anregung zum jeweiligen Thema ausgegangen ist
- Dank an die Betreuung sowie jede andere Art der Danksagung (Unterstützer, Interviewpartner, Familie etc.)
- Pauschalangaben für Übersetzung fremdsprachiger Quellen (z. B. „Ich danke Francesco Totti für seine Übersetzungen aus dem Italienischen.“)

(4) Abstract

Das Abstract ist eine normierte Kurzfassung der Arbeit und richtet sich nach den Vorgaben Ihres Institutes. Eventuell soll/kann das Abstract auch hinter dem Literaturverzeichnis angeordnet werden.

(5) Inhaltsverzeichnis

Das Inhaltsverzeichnis gibt dem Leser einen **Überblick** über die Systematik Ihrer Arbeit und vermittelt einen „**ersten Eindruck**“. Es ist die erste Information, die ein Leser von der Arbeit aufnimmt. Seien Sie sich dessen bewusst, dass das Inhaltsverzeichnis die „Visitenkarte“ Ihrer Arbeit ist.

Auch bei der **Beurteilung der Arbeit** spielt das Inhaltsverzeichnis eine nicht unbedeutende Rolle.[27] Es hat den logischen Aufbau der Arbeit widerzuspiegeln und stellt Informationen über den Inhalt der Arbeit bereit.

(6) Abbildungsverzeichnis

Ein modernes Abbildungsverzeichnis enthält alle Abbildungsbeschriftungen von Grafiken, Tabellen etc., sofern nicht ein eigenes Tabellenverzeichnis angelegt wird.

---

27 Siehe Kap. 1.10.1.

(7) Textteil (Einleitung, Hauptteil, Schluss)

Hier ist der Platz für den eigentlichen Inhalt der Arbeit, von der Einleitung bis zum Schluss mit der Zusammenfassung.

(8) Information über die Autorin/den Autor

Ein knapper Lebenslauf und Information zum Autor, gegebenenfalls mit einem Foto, können hier angeführt werden.

(9) Abkürzungsverzeichnis

Verwendete fachliche Abkürzungen werden im Abkürzungsverzeichnis angeführt.

(10) Literaturverzeichnis

Das Literaturverzeichnis beinhaltet eine Auflistung der in der Arbeit verwendeten Literatur. Art und Anordnung des **Literaturverzeichnisses** folgen in Kap. 4.3.

(11) Anhang

Im Anhang werden Materialien angeführt, deren Integration anderswo unpassend wäre. Das sind beispielsweise Protokolle, Fragebögen von Interviews, Tabellenblätter, aus denen im Text zitiert wurde, etc.

Auf den Anhang wird in der Regel mittels Fußnote verwiesen.[28]

Anbei noch zwei Beispiele für Deckblätter mit und ohne ehrenwörtlicher Erklärung:

28 Siehe Kap. 4.5.8.

Johannes Kepler Universität

Institut für Informatik
Abteilung für Informationssysteme

<Thema>

Wissenschaftliche Arbeit zur Erlangung des akademischen Grades einer/s <akademischer Grad>

eingereicht bei o. Univ.-Prof. Dipl.-Ing. Dr. Gerti Kappel

<vollständiger Name>

Ort, April 2014

Abbildung 10: Mögliches Deckblatt einer Abschlussarbeit

UNIVERSITÄT (Hochschule) XXXX

MASTERARBEIT

Titel der Masterarbeit:

Verfasserin/Verfasser:

Matrikel-Nr.:

Studienrichtung:

Begutachter/Beurteiler:

Ich versichere:

- dass ich die Masterarbeit selbständig verfasst, andere als die angegebenen Quellen und Hilfsmittel nicht benutzt und mich auch sonst keiner unerlaubten Hilfe bedient habe.
- dass ich dieses Masterthema bisher weder im In- noch im Ausland zur Begutachtung in irgendeiner Form als Prüfungsarbeit vorgelegt habe.
- dass diese Arbeit mit der vom Begutachter beurteilten Arbeit übereinstimmt.

....

Datum *Unterschrift*

Abbildung 11: Mögliches Deckblatt einer Masterarbeit mit ehrenwörtlicher Erklärung

2.1.3 Seitennummerierung

Die Seitennummerierung beginnt mit der ersten Seite nach dem Deckblatt und endet mit der letzten Seite des Anhangs.[29] Somit sind außer dem Deckblatt sämtliche Blätter zu nummerieren.[30]

> Für den wissenschaftlichen **Umfang der Arbeit** wird nur der Textteil (Anzahl der Seiten von Einleitung, Hauptteil und Schluss) herangezogen und nicht die Anzahl der Seiten insgesamt.

2.1.4 Nummerierung der Kapitelüberschriften

In einer Abschlussarbeit sollten streng genommen nur die Kapitelüberschriften des Hauptteils nummeriert sein. Die Nummerierung der Kapitelüberschriften beginnt mit der Einleitung mit 1 und endet mit dem letzten Kapitel des Schlusses.

Alle anderen Kapitel wie Vorwort und Inhaltsverzeichnis sowie Literaturverzeichnis und Anhang werden in der Regel nicht nummeriert, sollen aber im Inhaltsverzeichnis aufscheinen. Dazu bedient man sich folgender Vorgehensweise: Die betreffenden Kapitel werden als <Überschrift 1> definiert, ihre Nummerierung wird danach im Textverarbeitungsprogramm aber nachträglich entfernt.[31]

Ein Durchnummerieren aller Überschriften ist zwar historisch gesehen unüblich, aber auch nicht falsch.

2.1.5 Gliederungstiefe

Letztendlich soll die Gliederungstiefe vier Ebenen nicht überschreiten, hinter der letzten Stelle der Kapitelnummerierung steht kein Punkt, also:

---

29 Sollten im Anhang Dokumente beigeheftet werden, müssen diese nicht unbedingt nummeriert werden.

30 Zum Setzen der Seitenzahlen und zum Einrichten der Seitennummerierungen siehe Kap. 2.2.10.

31 Zur Überschriftendefinierung und Nummerierung von Kapitelüberschriften in Microsoft Word ® siehe Kap. 2.2.5.

1 ...
1.1 ...
1.1.1 ...
1.1.1.1 ...
1.1.1.2 ...
1.1.1.3 ...
1.1.2 ...
1.2 ...
2 ...

Abbildung 12: Gliederungstiefe

2.1.6 Grundsätze der Gliederung

→ Ein Hauptkapitel (1, 2, 3 ...) beginnt jeweils auf einer neuen Seite.

Nicht nur optisch ist es ratsam, die Hauptkapitel auf einer neuen Seite beginnen zu lassen. Damit wird ein neuer Abschnitt dokumentiert, der aufgrund seiner Wertigkeit auch auf einer neuen Seite beginnt.

→ Gibt es Unterpunkte zu einem Oberpunkt, dann müssen es zumindest zwei sein.

Ein **oft begangener Fehler** bei der Gliederung sind Untergliederungen mit nur einem Unterpunkt. Dies ist tunlichst zu vermeiden. Wie bei der folgenden Untergliederung wäre darauf zu achten, dass einem Unterpunkt 3.1 auch **immer** ein Unterpunkt 3.2 usw. folgt.

Nicht:
3 Zum Begriff Massenkommunikation
3.1 Massenkommunikation und Rezipientenforschung
4 Der Leser von Fachzeitschriften

Damit ist auch sichergestellt, dass die Gliederungsebene am Ende des Kapitels wieder aufsteigt:

Also nicht:

1 ...
1.1 ...
1.1.1 ...
1.1.1.1 ...
1.1.1.2 …
2 ...

Sondern:

1 ...
1.1 ...
1.1.1 ...
1.1.1.1 ...
1.1.1.2 …
1.1.2 ...
1.1.2.1 ...
1.1.2.2 …
1.2 ...
1.3
2 ...

→ **Unterpunkte sollen keine wortgetreue Wiederholung des übergeordneten Punktes darstellen.**

Nicht:

3 Kritischer Rationalismus und Frankfurter Schule
3.1 Der Kritische Rationalismus
3.2 Die Frankfurter Schule

Sondern etwa:

3 Die Werturteilsdiskussion in den Sozialwissenschaften
3.1 Der Kritische Rationalismus
3.2 Die Frankfurter Schule

→ **Ausführungen, die nicht unmittelbar zum Thema gehören, die Sie aber dennoch für erwähnenswert halten, sind gesondert auszuweisen.**

Etwa:

3 Zum Begriff Massenkommunikation
3.1 Die Funktion von Massenkommunikation
3.2 Massenkommunikation und Rezipientenforschung
3.3 Exkurs: Die demokratiepolitische Dimension der „Schweigespirale"

→ **Stellenwert und Gliederungsebene müssen übereinstimmen.**

In einer Arbeit über die außenpolitische Berichterstattung eines Mediums wird es somit verfehlt sein, wie folgt zu gliedern:

Nicht:

2.1 Zum Begriff „außenpolitische Berichterstattung"
4.3 Zum Begriff „innenpolitische Berichterstattung"

Der Begriff „außenpolitische Berichterstattung" ist dabei wesentlich wichtiger als der Begriff „innenpolitische Berichterstattung" (**Stellenwert**). Deshalb sollten nicht beide dieselbe Relevanz in der Gliederung haben (**Gliederungsebene**).

2.2 Formatierungstipps im Textverarbeitungsprogramm Word

Im nun folgenden Kapitel geben wir Ihnen einige Hinweise zur Formatierung im Textverarbeitungsprogramm Microsoft® Office Word für Windows bzw. Apple iOS.

Selbstverständlich können Sie Ihre Arbeit auch in einem anderen Textverarbeitungsprogramm verfassen.

Zu den kostenlosen alternativen Textverarbeitungsprogrammen zählen:

OpenOffice.org (http://www.openoffice.org/de)

Die OpenOffice Textverarbeitung „Writer" ist in der Bedienung mit Microsoft Word vergleichbar, wenn auch nicht identisch.

AbiWord (www.abisource.com)

AbiWord ist als deutsche Version auf www.chip.de downloadbar, wo auch der Link zur Software für die passende deutsche Rechtschreibprüfung zu finden ist.

LaTeX (www.latex-project.org)

LaTeX fällt etwas aus dem Rahmen. Es handelt sich hierbei um ein Satz-System. LaTeX wurde im Hochschulbereich für lange wissenschaftliche Arbeiten entwickelt und ist sehr stabil. Mehr dazu auf der Website der **D**eutschsprachigen **An**wendervereinigung **Te**x (www.dante.de).

☞ Welches Textverarbeitungsprogramm Sie auch verwenden und so banal es klingen mag, vergessen Sie das **Speichern** nicht. Legen Sie auch ab und an eine neue Speicherdatei an und behalten Sie ebenso die alte Vorversion. Vorversionen dienen als absolutes Backup, sofern mit der aktuellen Version etwas „passieren" sollte. Ebenso sollten Speicherungen auch abseits von der Festplatte, etwa auf USB-Stick oder in einer Cloud, erfolgen. Es gilt immer noch: Sicher ist sicher. Drucken Sie die Arbeit in regelmäßigen Abständen aus!

Die nachfolgenden Screenshots wurden hauptsächlich in Microsoft® Office Word 2007 sowie in Word 2010 erstellt. Ansichten und Darstellungen können in anderen Versionen von Word (Word 2003 oder aktueller Word 2013) etwas abweichen, sind aber letztlich ähnlich aufgebaut.

Starten Sie ein neues Word-Dokument, wenn Sie mit der Arbeit beginnen. Verwenden Sie kein bestehendes Dokument. Es könnte Formatierungs-Einstellungen enthalten, die Sie nicht kennen und dann auch eventuell nicht deaktivieren können.

Word 2007: Klicken Sie auf die Office-Schaltfläche ganz oben links und wählen Sie **Neu**. Öffnen Sie dann ein **Leeres Dokument**.

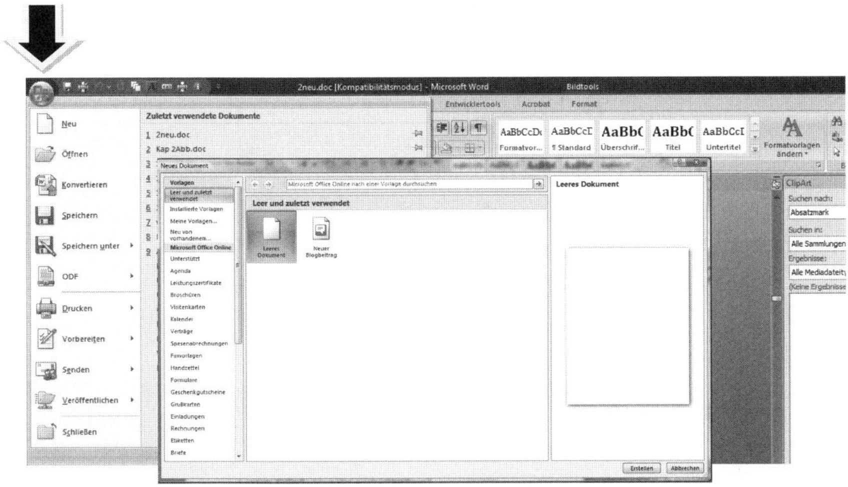

Abbildung 13: Neues Dokument öffnen (2007)

Word 2010: Klicken Sie auf die Schaltfläche **Datei** oben links und wählen Sie **Neu**. Öffnen Sie dann ein **Leeres Dokument**.

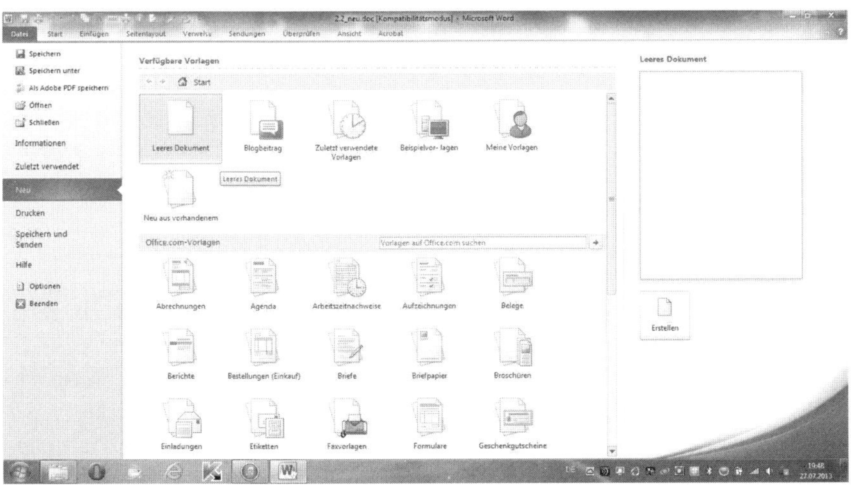

Abbildung 14: Neues Dokument öffnen (2010)

Änderungen der Formate innerhalb Ihres Word-Dokumentes gelten **nur** für das geöffnete Dokument und verändern keine sonstigen Dokumente oder Vorlagen. Eine eigene Formatvorlage zu erstellen – wie es einige andere Ratgeber tun – ist nicht unbedingt nötig!

Speichern Sie nun Ihr Dokument mit einem bezeichnenden Namen. Wir nennen es kurzerhand: „Meine wissenschaftliche Arbeit". Klicken Sie dazu abermals auf die **Office-Schaltfläche** (2007) bzw. auf **Datei** (2010) oben links und wählen Sie **Speichern**. Hier legen Sie auch fest, wo auf der Festplatte die Datei gespeichert wird. Verwenden Sie dazu einen bestehenden Ordner oder legen Sie einen eigenen Ordner an, in dem Sie neben der Arbeit auch alle Materialen (Grafiken, Protokolle etc.) ablegen. Um eine neue Speicherversion zu erstellen, wählen Sie **Speichern unter**.

Es empfiehlt sich, zur **Seiten-Layout**-Ansicht zu wechseln, weil in dieser Ansicht die Formatierungen angezeigt werden. Klicken Sie dazu im Menü **Ansicht** auf **Seitenlayout**.

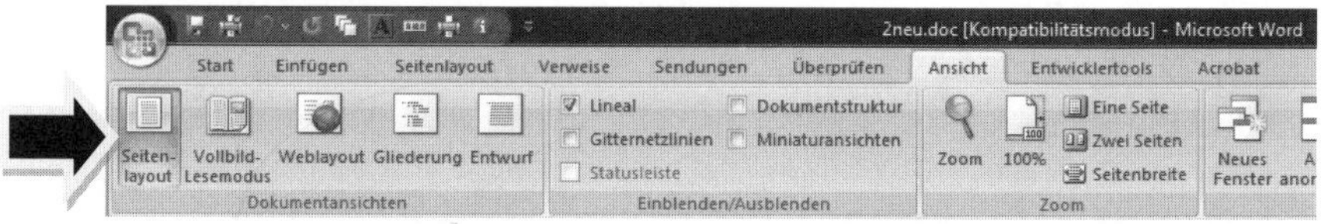

Abbildung 15: Seitenlayout auswählen

Schalten Sie die Anzeige von Absatzmarken ¶ ein. Damit werden die Formatierungszeichen angezeigt. Drücken Sie im Menü **Start** auf den in Abbildung 16 angeführten Button.

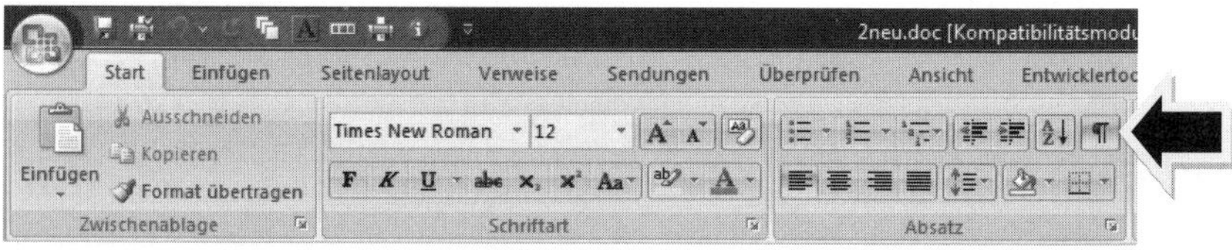

Abbildung 16: Absatzmarken anzeigen

Auch wenn Sie in der Bearbeitung des Layouts unerfahren bzw. unsicher sind, so sei Ihnen versichert, dass jede von Ihnen vorgenommene Einstellung oder Änderung auch wieder **rückgängig** gemacht werden kann. Beachten Sie aber, dass diese Option nicht unbegrenzte Schritte zurück erlaubt. Sie finden die Rückgängig-Schaltfläche als blauen nach unten geschwungenen Pfeil in der Symbolleiste für den Schnellzugriff ganz links oben. Gleichermaßen gibt es auch rechts davon einen nach oben geschwungenen Pfeil, um umgekehrt dann wieder Schritte „nach vor" zu tätigen.

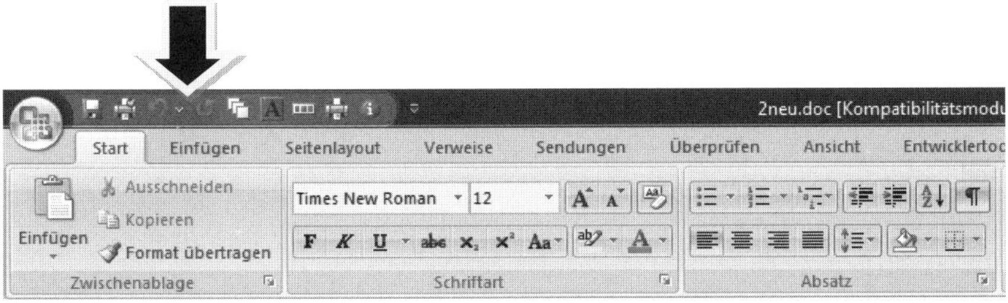

Abbildung 17: Rückgängig machen von Einstellungen und Eingaben

Ein wichtiges Instrument im Layout sind die **Abschnittswechsel** (je nach Word-Version auch Abschnittsumbrüche genannt). Damit werden die einzelnen Bausteine aus Kap. 2.1 voneinander getrennt.

Achtung: Arbeiten Sie als Trennung zwischen den Bausteinen **immer** mit Abschnittswechsel und nicht mit Seitenwechsel!

Der Grund dafür liegt in der Auswirkung auf die Formatierung. So können sich Formatierungen in verschiedenen Abschnitten voneinander unterscheiden (etwa die Kopfzeile mit der Bezeichnung des aktuellen Kapitels) oder ob innerhalb eines bestimmten Abschnittes die Seitenzahlen angezeigt werden oder nicht (so werden auf dem Deckblatt oder bei der Erklärung keine Seitenzahlen angeführt). Einige Formatierungen, die Sie innerhalb eines Abschnittes tätigen (etwa die zum Kapitel passende Kopfzeile), gelten dann auch nur für diesen Abschnitt. Dies ist mit einem reinen Seitenwechsel nicht möglich.

Wählen Sie zwischen den Bausteinen im Menü **Seitenlayout** den Reiter **Umbrüche** und dann den Abschnittswechsel (bzw. Abschnittsumbruch) **Nächste Seite**, weil ein Hauptkapitel ohnedies auf einer neuen Seite beginnen soll.

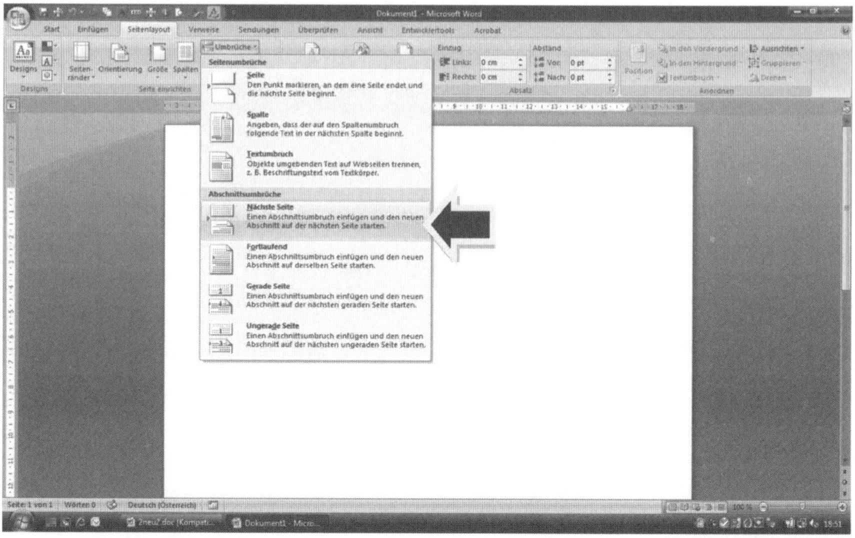

Abbildung 18: Abschnittswechsel zwischen den Bausteinen verwenden

☞ **Vorsicht** ist geboten beim Löschen von Abschnittswechseln! Sobald Sie einen Abschnittswechsel – auch versehentlich – löschen, übernimmt der aktuelle Abschnitt alle Formatierungen des Abschnitts davor. In einem solchen Fall empfiehlt es sich, die Löschung rückgängig zu machen.

Ein weiteres wichtiges Instrument sind die **Formatierungsbefehle**. Dazu gehören vor allem:

- das Leerzeichen (•): Wird gesetzt durch das *Drücken der Leertaste*.
- das geschützte Leerzeichen (°) verhindert einen Zeilenumbruch (z. B. wenn der Ausdruck „100 Euro“ nicht getrennt werden soll). Wird gesetzt durch die Tastenkombination: *Strg-Umschalt-Leertaste*.
- das Absatzzeichen (¶): Wird gesetzt durch das *Drücken der Enter-Taste*.
- der manuelle Zeilenumbruch (Enterzeichen): Bewirkt einen fixen Zeilenumbruch. Dient z. B. auch zum Setzen von Absätzen in Tabellen. Wird gesetzt durch die Tastenkombination: *Umschalt-Enter*.

2.2.1 Tastenkombinationen (Shortcuts)

Gleich vorweg: Die Verwendung von Shortcuts ist **keine Voraussetzung** für die Arbeit mit Word, sondern eine Hilfestellung.

Bei fortgeschrittenem Stadium der Arbeit empfiehlt sich jedenfalls die Verwendung von so genannten Shortcuts. Durch Drücken von Tastenkombinationen ersparen Sie sich den (manchmal mühsamen) Weg mit der Maus durch die Menüs. Entweder sind die Tastenkombinationen bereits vordefiniert (z. B. „strg-alt-F" für das Einfügen einer Fußnote) oder können durch den Benutzer selbst vergeben werden (z. B. bei den Formatvorlagen). Sehr beliebt sind etwa die Tastenkombinationen für „Ausschneiden" (strg-x), „Kopieren" (strg-c), „Einfügen" (strg-v) sowie „Rückgängig machen" (strg-z).

Die Tasten der Tastenkombination werden in der angegebenen Reihenfolge hintereinander gedrückt und die Tasten so lange gehalten, bis die letzte Taste der Kombination gedrückt wurde.

Sollten Sie zur Handhabung von Tastenkombinationen noch Fragen haben oder sich eine Liste ausdrucken wollen, verwenden Sie die Word-Hilfe mit dem Stichwort: „Tastenkombinationen".

In Word 2007/2010/2013 werden durch das Drücken der ALT-Taste die verfügbaren Shortcuts in der Menüleiste angezeigt.

2.2.2 Seitenrandeinstellung und Papierformat

Menü Seitenlayout → Seitenränder → Benutzerdefinierte Seitenränder

Wir empfehlen folgende Seitenränder, wobei Sie diese nach Vorgabe bzw. Bedarf auch leicht variieren können. Der klassische Zugang zur Textbreite ist jedenfalls mit 2/3 der Seitenbreite festgelegt.[32] Wissenschaftliche Arbeiten sind im Hochformat und einseitig zu drucken, womit die Seite dementsprechend eingerichtet wird.[33]

32 Im Übrigen erleichtert eine spaltengleiche Darstellung den Lesefluss.

33 Exkurs: Ein Bundsteg empfiehlt sich bei gegenüberliegenden Seiten. Er berechnet den inneren Rand dann entsprechend des Seitenverlaufs.

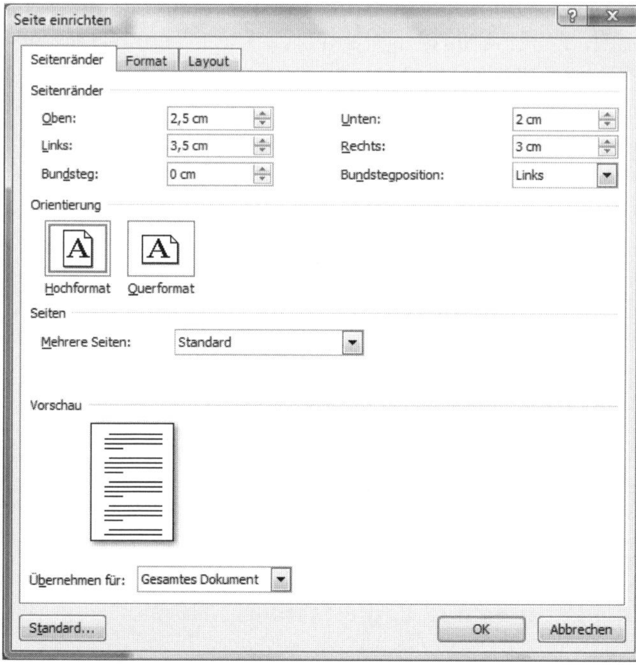

Abbildung 19: Einstellen der Seitenränder

Bestätigen Sie mit OK.

Wählen Sie anschließend für das Papierformat:

Menü Seitenlayout → Größe → A4

2.2.3 Formatvorlagen

Jedes Word-Dokument besitzt eine Formatvorlage. In ihr sind die Formate aller Textarten, die Sie in Ihrer Arbeit verwenden (Standardtext, Überschriften, Beschriftungen, Fußnotentext etc.), definiert.

Immer wieder wird **viel Zeit mit Änderungen von Formatierungen vergeudet**, die unter Verwendung von Formatvorlagen ganz einfach und unproblematisch durchgeführt werden können. Zwei Beispiele für die Vorteile bei der Arbeit mit der Formatvorlage:

1. Alle als **<Beschriftung>** definierten Textteile (so etwa Beschriftungen von Abbildungen oder Tabellen) werden dann vollautomatisch im Abbil-

dungsverzeichnis erscheinen und spätere Änderungen automatisch adaptiert.

2. Alle definierten **<Überschriften>** können automatisch nummeriert werden. Beim Einfügen neuer Überschriften wird die Nummerierung sofort und automatisch richtig korrigiert. Stellen Sie sich vor, Sie fügen nachträglich noch ein Kapitel ein und müssten alle Überschriften und Verweise händisch korrigieren und kontrollieren. Diese Arbeit sollten Sie sich „sparen“.

Die wichtigsten (und in der Regel auch ausreichenden) Formatvorlagen sind:

- <Standard> (= normaler Text)
- <Überschrift 1>, <Überschrift 2>, <Überschrift 3>, <Überschrift 4>
- <Fußnotentext> und <Fußnotenzeichen>
- <Beschriftung> für Abbildungen, Tabellen und Grafiken
- <Kopfzeile> und <Fußzeile>
- <Verzeichnis 1 bis 9>: Die Formatvorlage für das Inhaltsverzeichnis
- <Abbildungsverzeichnis>: Diese Formatvorlage wird den Einträgen im Abbildungsverzeichnis zugewiesen.

Word wendet die gängigen Formatvorlagen automatisch an. Das heißt, dass Sie die Formatvorlagen nur dann ändern, falls die automatischen Einstellungen von Word Ihnen nicht genehm sind. Ausgangsbasis für die meisten Formatvorlagen ist <Standard>. Beginnen Sie also damit, bevor Sie andere Formatvorlagen ändern.

So definieren und/oder ändern Sie die Formatvorlage <Standard> Schritt für Schritt

Klicken Sie im Menü **Start** mit der rechten Maustaste auf die Formatvorlage **Standard** und wählen Sie **Ändern**.

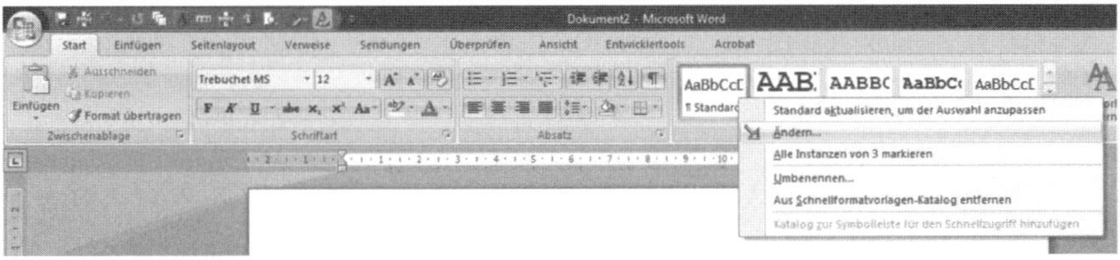

Abbildung 20: Öffnen der Formatvorlage

Danach öffnet sich folgendes Fenster zur Einstellung der Formatvorlage **<Standard>**:

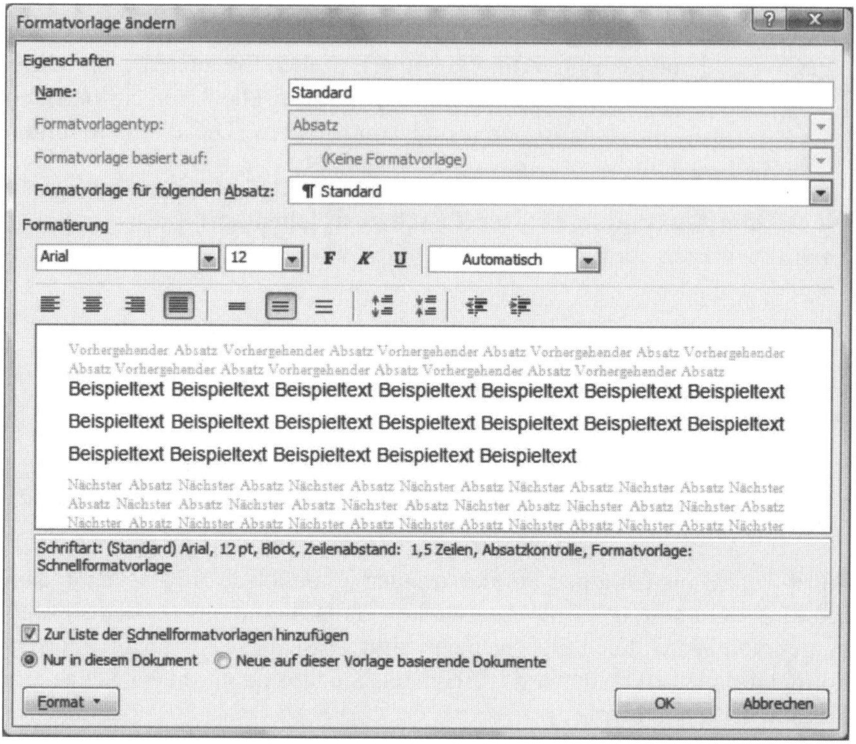

Abbildung 21: Formatvorlage <Standard>

Nehmen Sie die Einstellungen wie oben abgebildet vor. Wählen Sie mit den Buttons die Ausrichtung **Blocksatz** und den **Zeilenabstand** mit 1,5 Zeilen.

Noch bevor Sie mit OK bestätigen, klicken Sie auf den Button **Format** links unten im Fenster und dann auf **Absatz**. Es erscheint folgendes Fenster:

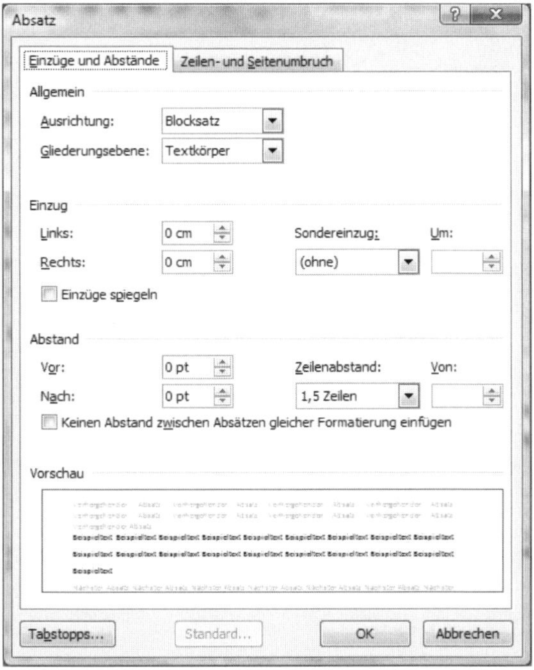

Abbildung 22: Einzüge und Abstände <Standard>

Hier können Sie kontrollieren, ob tatsächlich Blocksatz und der Zeilenabstand mit 1,5 Zeilen ausgewählt wurde. Gehen Sie dann auf den Reiter **Zeilen- und Seitenumbruch** im oberen Teil des Fensters. Aktivieren Sie – falls nicht ausgewählt – die Absatzkontrolle und – falls gewünscht – die Unterdrückung von Silbentrennungen.

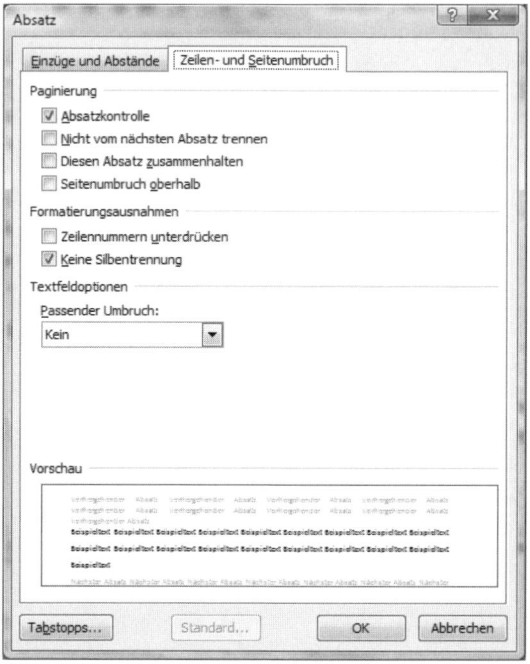

Abbildung 23: Unterdrücken der Silbentrennung

Bestätigen Sie alle Fenster mit OK und kehren Sie zum Hauptfenster zurück.

Bei Bedarf können Sie diese nach Ihren Vorgaben variieren. Falls Sie die Formatvorlage zu einem späteren Zeitpunkt ändern, werden alle Textteile, die als **<Standard>** definiert sind, entsprechend geändert.

Im Übrigen empfehlen wir Ihnen, mit den unterschiedlichen Einstellungen in einem eigenen Test-Dokument zu experimentieren!

Sie haben nun Zeichen und Absatz der Formatvorlage **<Standard>** erstellt und können bereits als nächsten Schritt **<Überschrift 1>** aus den Formatvorlagen auswählen.

Die Vorgangsweise deckt sich mit den Einstellungen von **<Standard>**, nur die Werte selbst sind andere.

<Überschrift 1>

Wir empfehlen als Schriftgrad 16pt und fett. Als Format empfehlen wir (wie bei allen anderen Formaten zu Überschriften) Ausrichtung Links (nicht Block!), einen Abstand nach dem Absatz von 18pt, Zeilenabstand 1,5 Zeilen. Die Gliederungsebene muss als Ebene 1 angegeben werden.

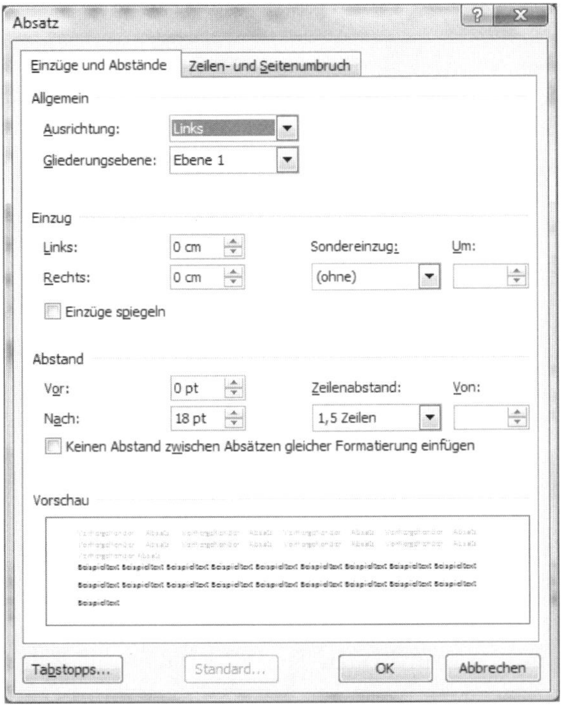

Abbildung 24: Einzüge und Abstände <Überschrift 1>

Die weiteren Formatvorlagen

<Überschrift 2> wie <Überschrift 1>, jedoch mit Schriftgröße 14pt

<Überschrift 3> wie <Überschrift 1>, jedoch mit Schriftgröße 12pt

<Überschrift 4> wie <Überschrift 1>, jedoch mit Schriftgröße 12pt, Schriftschnitt nicht fett

<Fußnotentext> sollte definiert sein wie <Standard>, jedoch mit einer Schriftgröße von 10pt und linksbündig

<Beschriftung> sollte definiert sein wie <Standard>, jedoch fett und zentriert

Sie können die Formatvorlagen wie folgt aufrufen und – bei Bedarf – ändern: Gehen Sie im Menü **Start** auf den **Button** unterhalb von **Formatvorlagen ändern**. Damit öffnen sich die Formatvorlagen. Weiter unten sind drei Buttons, wobei der dritte Button für **Formatvorlagen verwalten** steht.

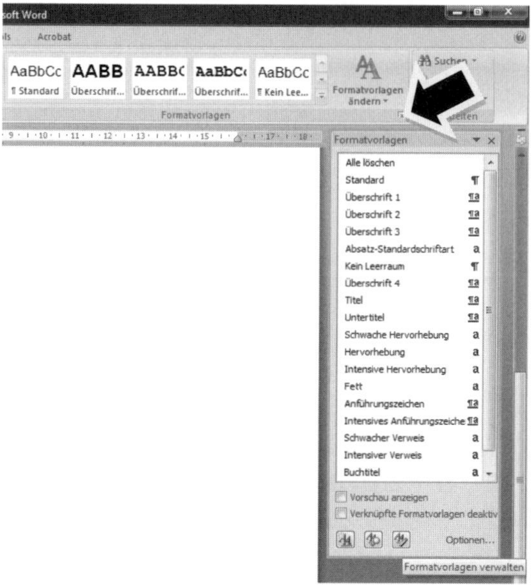

Abbildung 25: Auswählen von Formatvorlagen verwalten

Klicken Sie auf diesen. Danach öffnet sich das Fenster mit den gängigsten Formatvorlagen.

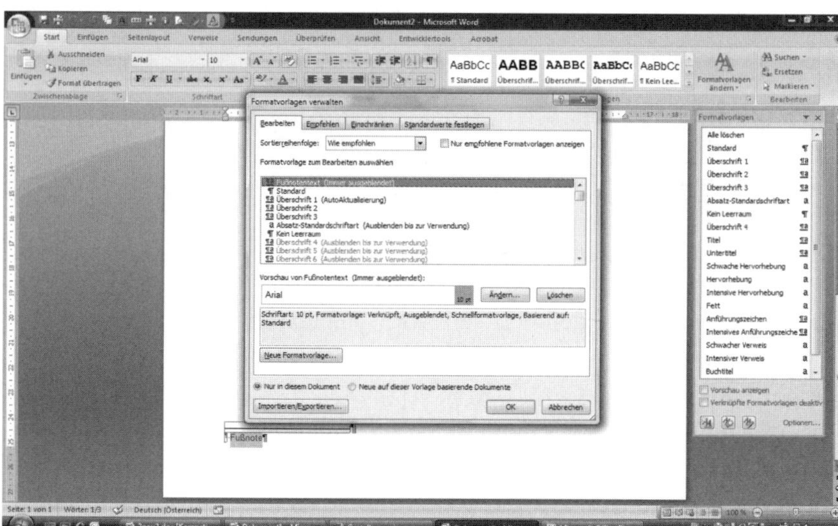

Abbildung 26: Formatvorlagen verwalten

Hier finden Sie den Button **Ändern**. Sollten Sie noch weitere Formatvorlagen ändern wollen, dann tun Sie das analog zu den eben gezeigten Vorgangsweisen.

2.2.4 Zuweisen von Formatvorlagen

Texteingaben haben das Format <Standard>. Sie erkennen die Formatvorlage der Cursorposition durch die hervorgehobene Formatvorlage.[34]

Vorsicht ist geboten, falls Sie Textstellen aus einem Webbrowser oder einem PDF-Dokument in Ihre Arbeit kopieren. Fast immer werden Sie mit ausgefallenen Formatvorlagen eingespeist. Sie sollten diese Textteile daher unbedingt in Ihrer Arbeit mit der Maus markieren und die Formatvorlage <Standard> zuweisen.[35] **Ein Tipp zum Markieren:** Gehen Sie mit dem Mauszeiger 1–2 cm links neben den Text. Der Cursor wird zu einem Pfeil. Klicken Sie die linke Maustaste und halten Sie diese gedrückt. Dann gehen Sie nach oben oder unten und markieren kommod die entsprechende Textstelle.

Um Formatvorlagen wie z. B. **<Überschriften>** zuzuweisen, gehen Sie mit dem Cursor in die Zeile des zuzuweisenden Textes oder markieren Sie die ganze Zeile und wählen die gewünschte Formatvorlage im Menü **Start**.

2.2.5 Nummerieren der Kapitelüberschriften

Voraussetzung für ein automatisches Nummerieren der Überschriften ist die vorherige Überschriftendefinierung. Zur Formatierung der Kapitelüberschriften gehen Sie wie folgt vor:

Im Menü **Start** kommen Sie direkt über das abgebildete Icon zum Listenmenü.

34 Wechseln Sie gegebenenfalls ins Menü **Start**.

35 Und vergessen Sie nicht, die Quelle zu zitieren.

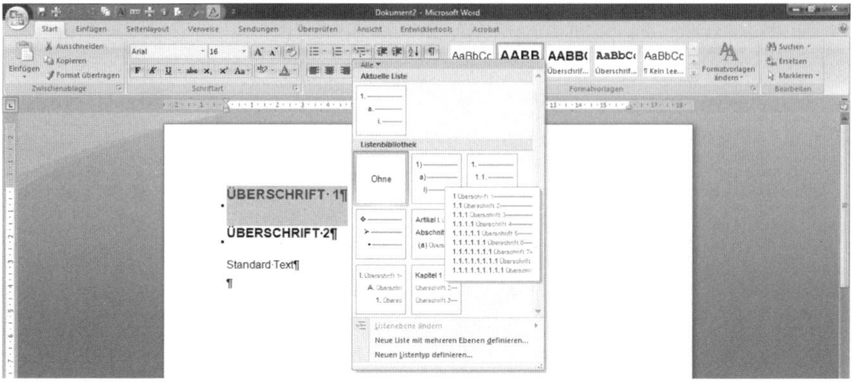

Abbildung 27: Nummerierung der Überschriften a

Wenn Sie alles richtig gemacht haben, dann sind die Überschriften nun nummeriert.

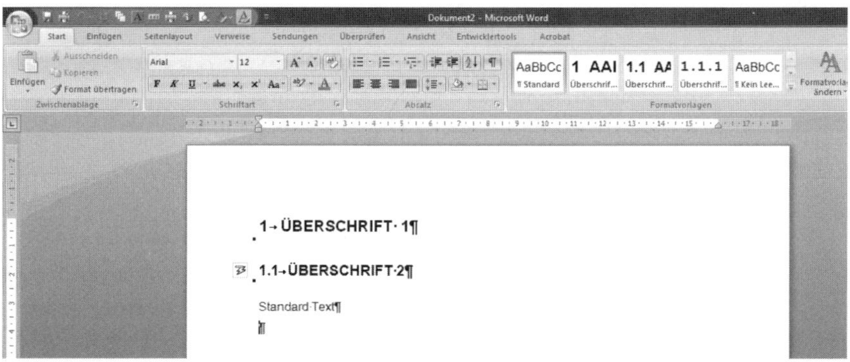

Abbildung 28: Nummerierung der Überschriften b

Abbildungsverzeichnis (eventuell **Vorwort**), **Literaturverzeichnis** und **Anhang** sollen im Inhaltsverzeichnis automatisch auf der ersten Kapitelebene stehen (siehe Kap. 2.1), jedoch im Gegensatz zu den Kapiteln des Hauptteils der Arbeit nicht oder anders nummeriert sein. Sofern eine Überschrift anders nummeriert werden soll, ist ein Abschnittswechsel zu setzen.

Um dies zu erreichen, werden sie als **<Überschrift 1>** definiert und in der Regel damit auch automatisch mit einer Kapitelnummer versehen. Wenn dies der Fall ist, **markieren Sie mit der Maus jede einzelne Kapitelüberschrift** und klicken Sie, wie in Abbildung 27 dargestellt, auf **Ohne**.

Sollte die Nummerierung der Einleitung (aus irgendeinem Grund) nicht mit 1 beginnen, gehen Sie mit dem Cursor auf die als **<Überschrift 1>** definierte Einleitungsüberschrift und klicken Sie die rechte Maustaste. Im sich öffnenden Fenster gehen Sie auf **Nummerierung**. Dort können Sie nicht nur das Format der Nummerierung definieren, sondern auch gegebenenfalls den Startwert für die Nummerierung festlegen.

2.2.6 Fußnoten einfügen

Menü Verweise → Fußnote einfügen

Ihre Fußnoten werden automatisch nummeriert und in der Fußzeile der jeweiligen Seite abgebildet, was im deutschsprachigen Raum die Regel ist. **Jede Fußnote beginnt mit einem Großbuchstaben und endet mit einem Punkt.**

2.2.7 Beschriftungen von Grafiken, Tabellen etc. einfügen

Markieren Sie durch einfachen Mausklick die Grafik, die Tabelle oder die Gleichung und führen Sie folgende Schritte aus:

Menü Verweise → Beschriftung einfügen

Wählen Sie den Typ Abbildung aus der Bezeichnung[36] und klicken Sie auf OK. Setzen Sie nach der Ordnungszahl einen Doppelpunkt und fügen Sie dann den Beschriftungstext ein.

36 Alle Arten von Abbildungen (Tabellen, Grafiken etc.) kommen somit in das Abbildungsverzeichnis, sofern nicht ein eigenes Tabellenverzeichnis o.Ä. verlangt wird.

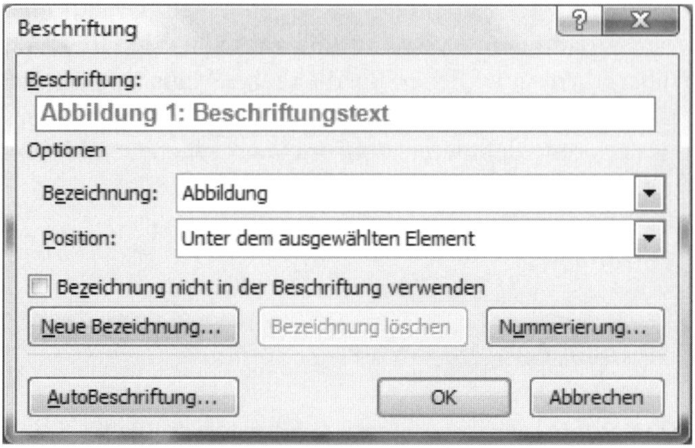

Abbildung 29: Beschriftungen vom Typ Abbildung

Bevor Sie mit OK bestätigen, stellen Sie die Nummerierung im Untermenü **Nummerierung** ein.

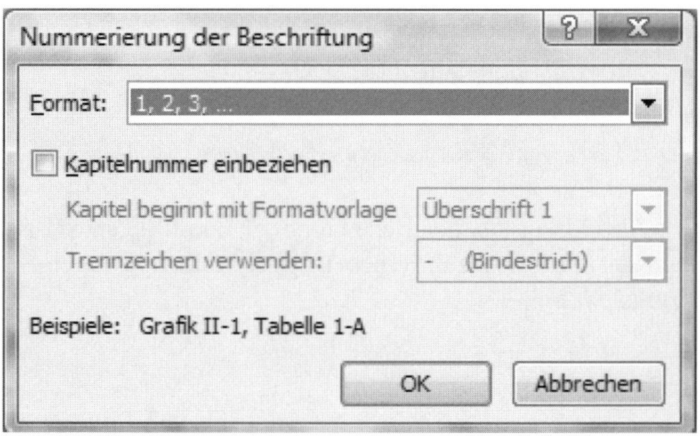

Abbildung 30: Nummerierung der Beschriftungen

2.2.8 Querverweise

Den Button **Querverweise** finden Sie im Menü **Verweise** gleich neben **Beschriftung einfügen**. Querverweise dienen dem Verweis zu anderen Kapiteln wie z. B. „Siehe dazu Kap. 2.12“ und werden analog wie Beschriftungen eingefügt. Querverweise sollten Sie jedenfalls mit diesem Tool definieren. Ansonsten verlieren Sie mit dem manuellen Ändern irgendwann den Überblick. Versuchen Sie es einfach, es ist mit ein wenig Übung überhaupt kein Problem.

2.2.9 Anordnung quergestellter Abbildungen und Tabellen

Wenn Abbildungen bzw. Tabellen zu groß für eine hochformatige Darstellung sind, haben Sie die Möglichkeit, diese querformatig abzubilden. Im Querformat angeordnete Tabellen und Schaubilder sollten dann so angeordnet sein, dass die Oberseite einer quergestellten Abbildung nach links weist. Fügen Sie die Tabelle zwischen zwei Abschnittswechseln (nächste Seite bzw. gegebenenfalls fortlaufend) ein.

2.2.10 Seitenzahlen einfügen und Seitennummerierung einrichten

Beenden Sie die Seite vor dem Inhaltsverzeichnis mit einem **manuellen Abschnittswechsel** (Abschnittsumbruch) auf **Nächste Seite**.

1. Klicken Sie im Menü **Seitenlayout** auf das Icon **Umbrüche**.
2. Klicken Sie unter **Abschnittsumbrüche** auf **Nächste Seite**.
3. Bewegen Sie den Cursor auf die Seite, auf der das Inhaltsverzeichnis steht (oder stehen wird).[37]
   Klicken Sie im Menü **Einfügen** auf **Seitenzahl** und auf Seitenanfang. Wählen Sie dann die gewünschte Darstellung und Position der Seitenzahl. Die Seitenzahl erscheint dann – wie gewünscht – in der Kopf- oder Fußzeile. In diesem Menü können Sie dann die Seitenzahlen formatieren und weitere Einstellungen vornehmen. Schließen Sie den Vorgang durch **Kopf- und Fußzeile schließen**.

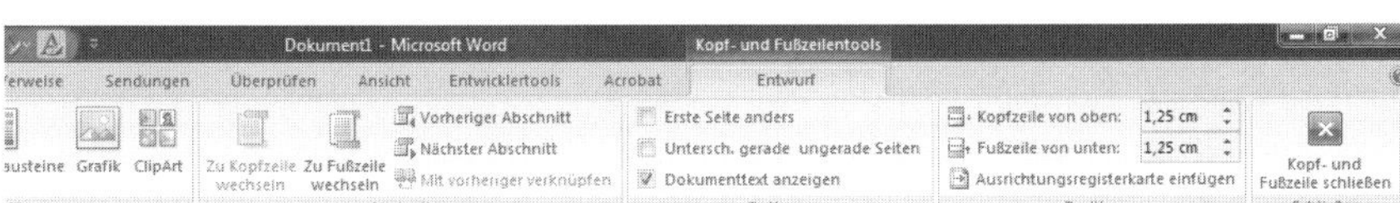

Abbildung 31: Kopf- und Fußzeile schließen

Sobald Sie wieder im Hauptfenster sind, können Sie durch Doppelklick auf die Kopfzeile (oder Fußzeile) dieses Menü wieder öffnen.

37 Sie können die Seitenzahl optional natürlich auch am Seitenende anzeigen lassen. Bei Verwendung einer Kopfzeile (siehe Kap. 2.2.11) empfiehlt sich jedoch die Anordnung am Seitenanfang und rechts.

2.2.11 Kopf- und Fußzeilen bearbeiten

Kopfzeilen werden meist für Kapitelüberschriften verwendet (so wie wir es in diesem Buch getan haben). In der Kopfzeile befinden sich auch die Seitenzahlen.

Um nun Kapitelüberschriften einzufügen, führen Sie am Ende der Kapitel, die mit **<Überschrift 1>** definiert sind (also am Ende des Kapitels 1, am Ende des Kapitels 2 ...), einen manuellen Abschnittswechsel (bzw. Abschnittsumbruch) durch und bearbeiten Sie danach die Kopfzeile im Menü **Einfügen** unter **Kopfzeile** bzw. **Fußzeile**.[38]

Sie können zwischen den Kopfzeilen der einzelnen Abschnitte (sofern Sie mehrere Abschnitte definiert haben) wechseln und in jede Kopfzeile die jeweilige Kapitelüberschrift eintragen. Weiters müssen Sie durch den entsprechenden Button die Funktion **mit vorheriger verknüpfen** deaktivieren.[39]

Haben Sie Geduld bei der Arbeit mit Kapitelüberschriften in der Kopfzeile. Wenn nachträglich Abschnitte gelöscht oder eingefügt werden, kann es vorkommen, dass Sie Kopfzeilen erneut bearbeiten müssen. Bei ca. 10 Kapiteln ist aber auch das eine überschaubare Maßnahme.

2.2.12 Inhalts- und Abbildungsverzeichnisse einfügen

Machen Sie vor dem Inhaltsverzeichnis einen Abschnittswechsel (bzw. Abschnittsumbruch) Nächste Seite:

Menü Seitenlayout → Umbrüche → Abschnittsumbruch Nächste Seite

Stellen Sie Ihren Cursor auf die Seite, wo das Inhaltsverzeichnis erscheinen soll. Wählen Sie an dieser Stelle

Menü Verweise → Inhaltsverzeichnis → Inhaltsverzeichnis einfügen

Wählen Sie eines der vorgeschlagenen Inhaltsverzeichnisse, das Ihnen zusagt.

---

38 Wenn Sie nicht bereits im Seiten-Layout arbeiten, erscheint das Seiten-Layout und die Kopfzeile wird ersichtlich.

39 Zum Anzeigen der zu den Buttons gehörigen Funktionen platzieren Sie den Cursor auf dem Button ohne ihn zu klicken. In ein bis zwei Sekunden wird die jeweilige Funktion angezeigt.

Beginnen Sie das **Abbildungsverzeichnis** gleich nach dem Inhaltsverzeichnis oder auf einer neuen Seite (Abschnittswechsel nach dem Inhaltsverzeichnis).

Menü Verweise → Abbildungsverzeichnis einfügen

2.2.13 Aktualisierung von Verzeichnissen

Sie sollten regelmäßig (jedenfalls vor der letzten Speicherung!) alle Verzeichnisse (Inhaltsverzeichnis, Abbildungsverzeichnis, Beschriftungen, Querverweise etc.) aktualisieren. Das geht am besten durch folgende Schritte:

Auf das entsprechende Verzeichnis (z. B. Inhaltsverzeichnis) gehen und dann das Icon am linken oberen Rand des Inhaltsverzeichnisses „Tabelle aktualisieren" verwenden

Dabei sollten Sie im Falle von Inhaltsverzeichnis und Abbildungsverzeichnis immer das **Gesamte Verzeichnis** aktualisieren:

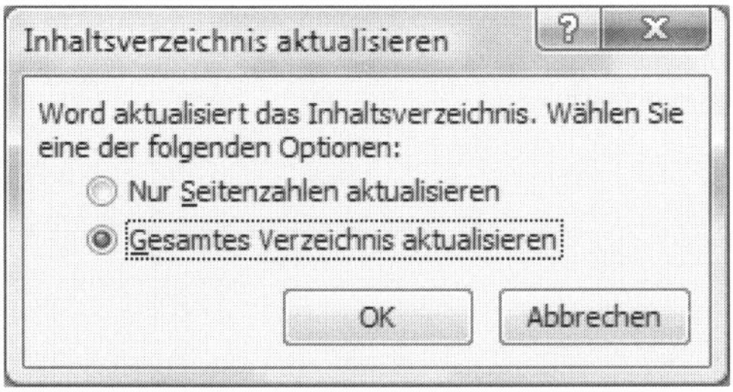

Abbildung 32: Verzeichnis aktualisieren

2.2.14 Rechtschreib- und Grammatikprüfung

Im Menü **Überprüfen** finden Sie **Rechtschreibung und Grammatik** oder Sie drücken einfach auf F7. Hier haben Sie die Möglichkeit, die für das Wörterbuch unbekannten Wörter zu ignorieren, zu ändern und/oder diese ins Wörterbuch aufzunehmen. Sie können hier auch die Grammatik prüfen.

Abbildung 33: Rechtschreib- und Grammatikprüfung

Klicken Sie auf **Optionen** und Sie können Autokorrekturen aktivieren bzw. ändern.

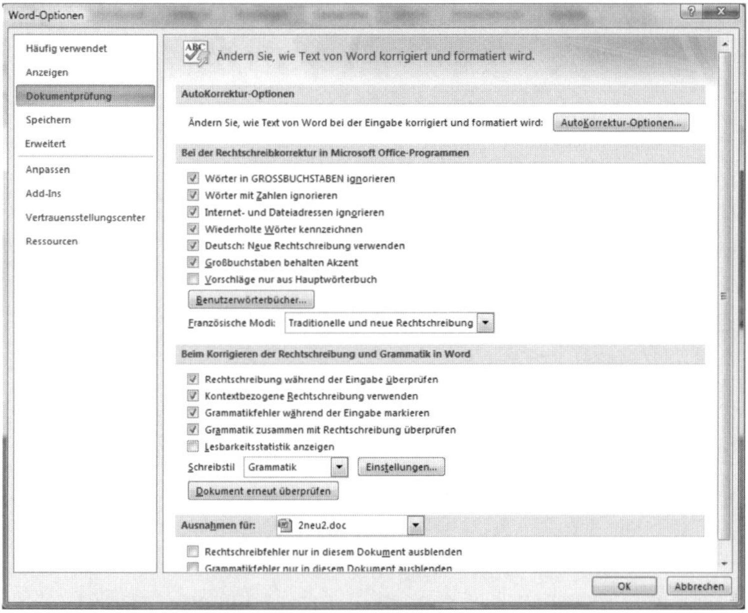

Abbildung 34: Autokorrekturen

Rechtschreibung während der Eingabe überprüfen aktivieren, dann werden im Text unbekannte oder falsch geschriebene Wörter rot unterstrichen. Somit können Sie bereits bei der Eingabe Ihres Textes die Rechtschreibung kontrollieren.

3 Wissenschaftlich argumentieren und recherchieren

Eines vorweg: **Sie müssen kein Wissenschaftler sein, um nach wissenschaftlichen Kriterien zu arbeiten.** Entscheidend für Ihre Arbeit ist, dass Sie beim Forschen, Recherchieren und Schreiben jene Methoden und Formvorschriften anwenden, die den Kriterien wissenschaftlichen Arbeitens entsprechen. Es geht darum, mit wissenschaftlichen Belegen zu arbeiten, angemessen zu argumentieren und die Forschungsfrage in einem adäquaten wissenschaftlichen Forschungsprozess abzuarbeiten, von der Literaturauswertung bis hin zur Empirie.

Ihre Ressourcen sind begrenzt, deshalb soll im Zentrum Ihrer Überlegungen zum Thema Wissenschaft **nicht das Mögliche** stehen, **sondern das Machbare**. Auch Sie werden keinen absoluten Wahrheitsanspruch vertreten oder die Dinge allumfassend und mit absoluter Gewissheit darstellen können. Deshalb ist es wichtig, sich auf das zu konzentrieren, was Sie tatsächlich mit den Ihnen zur Verfügung stehenden Mitteln an wissenschaftlicher Erkenntnisgewinnung zu leisten vermögen. Trotzdem – oder gerade deswegen – sollen Ihre **Ansprüche hoch** sein. Die Feststellung, etwas nicht mit Gewissheit sagen zu können, darf nicht bedeuten, nichts festzustellen.

Wir zeigen Ihnen nun in drei Unterkapiteln, was Sie aus unserer Sicht an wissenschaftlichen Grundlagen und „Werkzeugen" benötigen, um eine wissenschaftliche Arbeit zu schreiben.

3.1 Wissenschaftliche Grundlagen

Im Rahmen einer wissenschaftlichen Abschlussarbeit dient die Wissenschaft dem Zweck, **neue Erkenntnisse** hervorzubringen und entsprechend zu argumentieren. Die Beantwortung der Forschungsfrage ist diese Erkenntnis und Ihr (wissenschaftlicher) Beitrag zum Fachgebiet.

Dazu gehört natürlich auch, bereits **bestehende Erkenntnisse** aus der Literatur **in einem neuen Zusammenhang** bzw. anhand der gestellten Forschungsfrage **zu diskutieren**.

Häufig wird von Studierenden die Frage gestellt: „Muss (bzw. soll) ich eine empirische Untersuchung durchführen?"

In einigen Fachbereichen (Literaturwissenschaft, Rechtswissenschaft etc.) wird die Forschungsfrage mit einer **Literaturauswertung** zu beantworten sein, in anderen Fachbereichen ist eine **empirische Untersuchung** (Beobachtung, Befragung, Test, Experiment etc.) angebracht oder sogar vorgeschrieben.

3.1.1 Wissenschaft versus Alltagswissen

Während sich das Alltagswissen auf erlebte und tradierte Routinen des Alltagslebens stützt, hat Wissenschaft den Anspruch, Erkenntnisse systematisch und methodisch hervorzubringen und objektiv zu formulieren.

Alltagswissen basiert hauptsächlich auf persönlichen Erfahrungen. Wenn die Person X eine schlechte Erfahrung mit einem Autoverkäufer macht und sich fortan allen Autoverkäufern gegenüber distanziert verhält, so ist das wissenschaftlich gesehen eine **unzulässige Verallgemeinerung** und sicher auch keine Theorie.[40] Ein bestimmendes **Merkmal von Alltagstheorien** ist, dass sie **subjektiv** sind und damit verschiedene Personen bei ein und demselben Sachverhalt zu unterschiedlichen Erkenntnissen gelangen können.

In einer wissenschaftlichen Arbeit argumentieren wir hingegen mit wissenschaftlichen Theorien und Aussagen. **Wissenschaftliche Aussagen** erfüllen Kriterien, die sich vom Alltagswissen markant unterscheiden:

1. Wissenschaftliche Aussagen besitzen einen **Erklärungswert**.
2. Wissenschaftliche Aussagen sind in der Realität **überprüfbar.**
3. Wissenschaftliche Aussagen sind allgemeingültig bzw. beanspruchen **Allgemeingültigkeit bzw**. treffen mit einer angegebenen **Wahrscheinlichkeit** zu.
4. Wissenschaftliche Aussagen sind **objektiv** und **intersubjektiv** nachvollziehbar.[41]
5. Wissenschaftliche Aussagen werden **systematisch** durch wissenschaftliche Methoden gewonnen, das methodische Vorgehen ist geplant und organisiert. Die Art und Weise, wie wissenschaftliche Aussagen gewonnen wurden, ist **wiederholbar**.
6. Wissenschaftliche Aussagen sind in wissenschaftlicher Form (Zitation) und in wissenschaftlichem Stil neutral (bzw. durch Kenntlichmachung wertender Aussagen) formuliert.

Wissenschaftliche Theorien sind Systeme von Aussagen über einen Gegenstandsbereich, die es erlauben, möglichst viele Beobachtungen zu beschreiben, vorherzusagen und zu erklären.[42]

---

40 Wird solches „Wissen“ weitergegeben, entstehen Stereotype. Diese können so hartnäckig sein, dass selbst ein Gegenbeweis (gute Erfahrungen mit Autoverkäufern) nicht anerkannt oder verdrängt wird.

41 **Objektiv** bedeutet, dass verschiedene Forscher bei gleichem Sachverhalt die gleichen Ergebnisse erzielen. **Intersubjektivität** geht davon aus, dass ein Sachverhalt für unterschiedliche Individuen (Subjekte) gleichermaßen erkennbar und nachvollziehbar ist, z. B. „Autos verbessern die Mobilität.“ **Subjektiv** nennt man, was nur für den Einzelnen und nicht für die Allgemeinheit beansprucht wird: „Ich fahre Auto nur zum Spaß!“.

42 So zum Beispiel die Planetentheorie zur Berechnung der Positionen von Himmelskörpern.

Um **wissenschaftlich zu argumentieren**, müssen Aussagen getroffen werden. Was Sie dabei beachten müssen, finden Sie im folgenden Kapitel.

3.1.2 Wissenschaftliche Aussagen

Alltagsaussagen wie: *„Das SMS-Aufkommen in der heutigen Zeit ist immens groß und steigt rasant an."* mögen zwar inhaltlich den Tatsachen entsprechen, **jedoch fehlt** ein wissenschaftlicher Beleg bzw. ein empirischer Beweis, der diese Aussage stützt.

Das kann im hier diskutierten Beispiel entweder durch das Zitieren autorisierter Zahlen von Mobilfunkbetreibern oder einer Kontrollbehörde erfolgen und mit einem Referenzwert aus der Vergangenheit verdeutlicht werden.

Eine **wissenschaftliche Aussage** in einer wissenschaftlichen Arbeit wäre dementsprechend:

> „Lag das SMS-Aufkommen in deutschen Mobilfunknetzen im Jahr 1998 noch bei 1 Mrd. SMS pro Jahr, wurden 2004 bereits 23,6 Mrd. Nachrichten (davon 116 Mio. MMS) verschickt. Zur Veranschaulichung dient folgende Grafik aus dem Jahrbuch des Verbandes der Anbieter von Telekommunikations- und Mehrwertdiensten e.V., VATM (2005:48)."

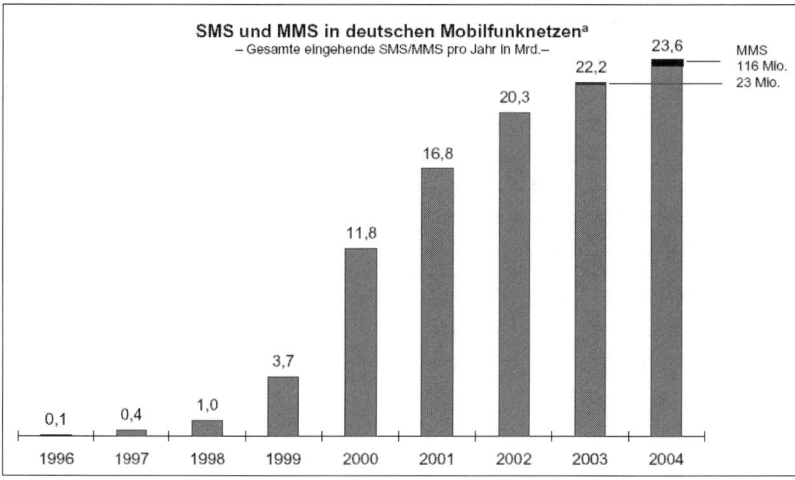

Wissenschaftliche Aussagen zeichnen sich also dadurch aus, dass sie durch überprüfbare Tatsachen (empirische Daten) bzw. Aussagen aus der Literatur (Zitate) belegt werden können.

> Fragen Sie sich **nach jeder maßgeblichen Aussage,** die Sie in Ihrer Arbeit anführen, und sei diese auch nach dem Alltagswissen sehr wahrscheinlich gültig: „Wer oder was kann diese Aussage wissenschaftlich belegen oder beweisen?“

Welche Aussagen müssen nicht belegt oder bewiesen werden?

Triviale Aussagen bzw. Aussagen, die wir dem Allgemeinwissen zuschreiben können oder die dem **State oft the Art** (siehe Kap. 4.1) des jeweiligen Fachbereiches entsprechen, müssen nicht über Gebühr belegt werden.

So ist es State of the Art, dass
- *„Unternehmer in der Regel ein höheres wirtschaftliches Risiko tragen als Beamte“,*
- *„mehr Autos im Straßenverkehr ein erhöhtes Verkehrsaufkommen verursachen“* oder
- *„2008 eine globale Finanz(markt)krise ausgebrochen ist.“*

Tautologien wie *„Entweder es regnet oder es regnet nicht.“* müssen zwar nicht belegt werden, jedoch stellt sich die Frage, wo und inwieweit eine solche Aussage den Erkenntnisgewinn in einer wissenschaftlichen Arbeit unterstützen kann.

Es ist auch nicht Sinn einer Arbeit, eine für jeden **Laien** verständliche Arbeit zu schreiben, ein angemessenes wissenschaftliches und allgemeingebildetes Niveau darf vorausgesetzt werden.

Zur besseren Übersicht über die Verwendung von Aussagen in wissenschaftlichen Arbeiten dient folgende Tabelle:[43]

43 Vgl. Hienerth/Huber/Kovarova-Simecek et al. (2009:26ff), in Anlehnung an Kornmeier (2007:46ff) und Raffee (1974:29ff).

Art der Aussage	Beispiel	Erläuterung
Logisch	*Alle Bohnen im Beutel sind weiß und alle Bohnen auf dem Tisch sind aus dem Beutel, folglich sind alle Bohnen auf dem Tisch weiß.*	Klassische logische Sätze.
Empirisch	*Laut Insolvenzstatistik des Kreditschutzverbandes waren 2008 rund 65% der eröffneten Insolvenzen auf Managementfehler zurückzuführen.*	Aussagen über einen realen Sachverhalt, informativ, überprüfbar und (eingeschränkt) wahrheitsfähig. Können durch Vergleich zwischen Aussage und Realität beurteilt werden.
Deskriptiv	*Die OMV AG erzielte im Geschäftsjahr 2007 einen Umsatz von EUR 20,04 Mrd.*	Beschreiben ein singuläres Phänomen oder einen Prozess in einem Raum-Zeit-Bezug.
Explikativ	*Jeder Unternehmer trägt ein wirtschaftliches Risiko.*	Beschreiben einen generellen Sachverhalt ohne einen engen Raum-Zeit-Bezug.
Nomologisch	*Um die Servicequalität zu verbessern ist es hilfreich, Kundenfeedback einzuholen.*	Generelle Aussagen, deren Gültigkeit durch bisherige empirische Befunde und Erfahrungen bestätigt wurden.
Deterministisch	*Je öfter eine Handlung wiederholt wird, umso weniger Fehler werden bei weiteren Wiederholungen gemacht.*	Drückt Ursache-Wirkungszusammenhang mit hohem Informationsgehalt aus, der in der Regel gilt, jedoch auch scheitern kann.
Stochastisch	*Wenn das Unternehmen den Preis des Produktes um 15% senkt, wird die Nachfrage mit 80%iger Wahrscheinlichkeit um 10% steigen.*	Informationsgehalt ist geringer als bei deterministischen Aussagen, jedoch ist das Risiko des Scheiterns in der Realität kleiner.
Tendenz	*Wenn ein Unternehmen den Preis eines Produktes senkt, dann wird die Nachfrage nach diesem Produkt steigen.*	Aussage drückt eine Tendenz aus, die empirisch überprüfbar ist, aber ohne Aussage über die Wahrscheinlichkeit.
Normativ	*Mitarbeiter sollen gerecht entlohnt werden!*	Aussage drückt eine Werthaltung aus. Angabe, wer diese Werthaltung vertritt (Sie selbst, eine Institution, ist es Fachkonsens?).
Metaphysisch	*Gott existiert (nicht)!*	Wissenschaftlich nicht überprüfbare Aussagen, die aber kraft ihrer kritischen Funktion etwa in der Theoriebildung eingesetzt werden.

Abbildung 35: Arten von Aussagen

Festzuhalten ist, dass alle grundlegenden Aussagen eines Beleges oder eines Beweises (Zitat, empirische Daten) bedürfen.

3.1.3 Grundlagenforschung und angewandte Forschung

Hilfreich bei der Einordnung der eigenen Arbeit ist die Unterscheidung in einerseits Grundlagenforschung, die zum Ziel hat, Erkenntnisse zur Bildung **allgemeingültiger Theorien** zu generieren, und andererseits in angewandte Forschung, die zum Ziel hat, für **spezifische Problemstellungen** entsprechende Lösungsansätze zu entwickeln, die auf den Erkenntnissen von Grundlagenforschung beruhen. Um zu Erkenntnissen zu gelangen, bedienen wir uns eines adäquaten Forschungsprozesses.

3.1.4 Definition – Theorie – Hypothese

Definitionen sind Konstrukte, die den Gebrauch und das Verständnis eines Begriffes erklären.

Eine Definition ist keine Theorie! Einer Definition fehlt ein empirischer Gehalt, sie ist ein sprachlicher Konsens über das Verständnis eines Begriffes.

Eine **Theorie** fasst die Gesamtheit des aus Überlegungen, Berechnungen, Beobachtungen und Experimenten gewonnen Wissens zusammen und stellt **eine wissenschaftliche Annäherung** eines Faches an einen Ausschnitt der Wirklichkeit dar.

„Theorie“ bedeutet also nicht „Spekulation“, sondern beinhaltet das, was allgemein als Stand der Wissenschaft (State of the Art) bezeichnet wird.

Beispiele für Theorien in den Wirtschaftswissenschaften:[44]

- Klassische Nationalökonomie (u. a. Adam Smith, David Ricardo, John Stuart Mill, Thomas Robert Malthus und Jean-Baptiste Say), ab ca. 1780
- Marxistische Wirtschaftstheorie (u. a. Karl Marx, Friedrich Engels, Rosa Luxemburg, Nikolai Iwanowitsch Bucharin), ab ca. 1850
- Neoklassische Theorie(n) (u. a. Vilfredo Pareto, Leon Walras, Carl Menger, Irving Fisher), ab ca. 1870
- Keynesianismus (u. a. John Maynard Keynes), ab ca. 1930
- Ordoliberalismus (u. a. Walter Eucken, Franz Bohm), ab ca. 1940
- Neoliberalismus (u. a. Friedrich August von Hayek, Ludwig von Mises), ab ca. 1940
- Monetarismus (u. a. Milton Friedman, Herbert A. Simon, George J. Stigler und Gary S. Becker), ab ca. 1970

44 Vgl. Krause (2002:783–803).

Eine Theorie ist ein **System von Hypothesen**. Im Gegensatz zu Hypothesen der Alltagssprache, die Ausdruck von Vermutungen oder Meinungen über unsichere oder singuläre Sachverhalte sind: *„Ich vermute, dass Franz die Prüfung nicht bestehen wird"*, muss eine **wissenschaftliche Hypothese** so formuliert sein, dass sie **alle der drei folgenden Kriterien** erfüllt:[45]

(1) Sie muss über einen Einzelfall hinausgehen, also **allgemeingültig** sein (All-Satz).

(2) Sie muss als **Konditionalsatz** formuliert sein („wenn-dann" bzw. „je-desto").

(3) Sie muss **falsifizierbar (widerlegbar)** sein.

Eine wissenschaftliche Hypothese bezieht sich auf einen Sachverhalt, der empirisch untersuchbar ist. Mit der wissenschaftlichen Hypothese wird behauptet, es bestünde **zwischen zwei oder mehreren Variablen** ein Zusammenhang. Eine solche Hypothese wäre:

„Höheres Haushaltseinkommen (unabhängige Variable) führt zu einem höheren Bildungsgrad (abhängige Variable) der im Haushalt lebenden Kinder."

Diese Hypothese ist **allgemeingültig**, also nicht nur für ein einzelnes Untersuchungsobjekt, sondern für die gesamte Klasse vergleichbarer Objekte (hier z. B. Haushalte), also **intersubjektiv**. Auch ist sie durch einen einzelnen Haushalt mit sehr hohem Haushaltseinkommen und sehr niedrigem Bildungsgrad der im Haushalt lebenden Kinder **falsifizierbar**. Falsifizierbarkeit bedeutet, dass Ereignisse denkbar sein müssen, die dem Konditionalsatz widersprechen.

Ergänzend dazu dürfen die **Variablen nur einseitig** und nicht voneinander **abhängig sein**. Der Bildungsgrad der im Haushalt lebenden Kinder hat also keine Auswirkung auf das Haushaltseinkommen (unabhängige Variable).

Keine wissenschaftlichen Hypothesen wären nach den o.g. Kriterien die folgenden Aussagen:

„Es gibt Kinder, die niemals weinen."

Dieser Satz ist – wie alle „Es gibt-Sätze" – kein All-Satz, Kriterium (1) ist also nicht erfüllt. Auch Kriterium (3) ist nicht erfüllt. Dieser Satz ließe sich nur falsifizieren, wenn man bei **allen** Kindern dieser Welt zeigen könnte,

45 Vgl. Bortz/Döring (1995:7ff).

dass sie irgendwann einmal weinen, was realistischerweise niemals erbracht werden kann.

„Frustration kann bei Menschen zu Aggression führen."

Kriterien (1) und (2) sind erfüllt, jedoch nicht falsifizierbar, denn **jedes** mögliche Ereignis stimmt mit der These überein. Zum Vergleich: „Frustrierte Menschen reagieren aggressiv" erfüllt alle Kriterien.

„Im Himmel ist es friedlicher als auf der Erde."

Kriterium (3) ist nicht erfüllt (zumindest nicht mit den Mitteln der empirischen Sozialforschung).

Zur Überprüfung der **Arbeitshypothese** wird zusätzlich eine **Nullhypothese** gebildet, die unterstellt, dass es keinen Zusammenhang zwischen der unabhängigen und der abhängigen Variablen gibt, also:[46]

„Höheres Haushaltseinkommen hat keinen Einfluss auf den Bildungsgrad der im Haushalt lebenden Kinder."

Somit kann die Wahrscheinlichkeit im Vergleich zur Nullhypothese gemessen werden. Es ist auch möglich, neben der Versuchsgruppe eine **Kontrollgruppe** einzurichten, bei der die abhängige Variable nicht zur Wirkung kommt.

Es gibt mehrere **Arten von Hypothesen**:[47]

Neben den **Wenn-dann-Hypothesen** (Konditionalsatz) können auch **Je-desto-Hypothesen** gebildet werden:

„Je höher der Bildungsgrad einer Person, desto höher das Lebenseinkommen."

Neben dieser **Individualhypothese**, eine Person betreffend, kann diese auch als **Kollektivhypothese** formuliert werden:

„Je höher der Bildungsgrad in einer Region, umso niedriger die Geburtenrate."

Kontexthypothesen kombinieren individuelle Merkmale mit kollektiven Merkmalen:

---

46 Vgl. Hienerth/Huber/Kovarova-Simecek et al. (2009:32).
47 Vgl. Hienerth/Huber/Kovarova-Simecek et al. (2009:32f).

„Je höher der Bildungsstand eines Landes, desto geringer ist die persönliche Unzufriedenheit des Einzelnen."

In Bortz/Döring (1995:15) wird eine beispielhafte **Hypothesenerstellung** aus dem Bereich der Sozialwissenschaften beschrieben:

Frauenfeindlichkeit: Formulierung einer wissenschaftlichen Hypothese

Eine Studentin möchte eine empirische Arbeit zum Thema „Frauenfeindlichkeit" anfertigen. Sie weiß aus eigener Erfahrung, daß sich Männer unterschiedlich frauenfeindlich verhalten und will dieses Phänomen (bzw. diese Variabilität) erklären.

Ausgangspunkt ihrer Überlegungen ist ein Zeitungsartikel über „Frauenfeindlichkeit im Fernsehen", der nach ihrer Auffassung zu Recht darauf hinweist, daß die meisten Fernsehserien ein falsches Frauenbild vermitteln. Dieses falsche Bild – so ihre Vermutung – könne dazu beitragen, daß Männer auf Frauen unangemessen bzw. sogar feindlich reagieren. Ihre Behauptung lautet also verkürzt: „Fernsehende Männer sind frauenfeindlich".

Sie möchte nun anhand der auf S. 7 genannten Kriterien feststellen, ob es sich bei dieser Behauptung um eine wissenschaftliche Hypothese handelt. Das erste Kriterium (*Allgemeingültigkeit*) hält sie für erfüllt, denn bei ihrer Behauptung dachte sie nicht an bestimmte Männer, sondern an alle fernsehenden Männer oder doch zumindest an die fernsehenden Männer, die sich in ihrem sozialen Umfeld befinden.

Das zweite Kriterium verlangt einen *Konditionalsatz.* Der vielleicht naheliegende Satz: „Wenn eine Person ein Mann ist, dann ist die Person frauenfeindlich" entspricht nicht ihrem Forschungsinteresse, denn die dem Wenn-Teil zugeordnete Variable wäre in diesem Falle das Geschlecht, d.h. sie müßte – abweichend von ihrer Fragestellung – Männer mit Frauen kontrastieren. Die Formulierung „Wenn Männer fernsehen, dann sind sie frauenfeindlich" hingegen trifft eher ihre Intention, weil hier im Wenn-Teil implizit fernsehende Männer und nicht fernsehende Männer kontrastiert werden. Allerdings befürchtet sie, daß es schwierig sein könnte, Männer zu finden, die nicht fernsehen und entscheidet sich deshalb für eine Hypothese mit einem Je-desto-Konditionalsatz: „Je häufiger Männer fernsehen, desto frauenfeindlicher sind sie".

Das dritte Kriterium verlangt die prinzipielle *Falsifizierbarkeit* der Hypothese, die ihr gedanklich keine Probleme bereitet, da die Untersuchung durchaus zeigen könnte, daß männliche Vielseher genauso (oder sogar weniger) frauenfeindlich sind wie Wenigseher.

Die Aussage „Je häufiger Männer fernsehen, desto frauenfeindlicher sind sie" hat damit den Status einer wissenschaftlichen Hypothese.

Die Studentin möchte zusätzlich klären, ob ihre Hypothese als Kausalhypothese interpretierbar ist, ob also das Fernsehen zumindest theoretisch als Ursache für Frauenfeindlichkeit bei Männern anzusehen ist. Sie prüft deshalb, ob der Je-Teil und der Desto-Teil ihrer Hypothese prinzipiell auch austauschbar sind. Das Resultat lautet: „Je frauenfeindlicher Männer sind, desto häufiger sehen sie fern". Die Studentin vermutet zwar, daß diese Aussage wahrscheinlich weniger der Realität entspricht; da es jedoch sein könnte, daß sich vor allem frauenfeindliche Männer vom Klischee des Frauenbildes im Fernsehen angezogen fühlen, könnte auch in dieser Aussage „ein Körnchen Wahrheit" stecken. Sie kommt deshalb zu dem Schluß, daß ihre forschungsleitende Hypothese keine strenge, gerichtete Kausalannahme beinhaltet, zumal auch die zeitliche Abfolge von Ursache und Wirkung (erst Fernsehen, danach Frauenfeindlichkeit) wenig zwingend erscheint.

Damit erübrigt sich eine Überprüfung der Frage, ob Frauenfeindlichkeit monokausal durch das Fernsehen beeinflußt wird. Frauenfeindlichkeit – so vermutet die Studentin – ist eine Variable, die vielerlei Ursachen hat, zu denen möglicherweise auch das Fernsehen zählt, d.h. die Studentin kann – auch angesichts der zu erwartenden Meßfehlerprobleme – nicht damit rechnen, daß ihre Untersuchung einen perfekten Zusammenhang zwischen Frauenfeindlichkeit und Dauer des Fernsehens bei Männern nachweisen wird.

Ausgestattet mit den Ergebnissen dieser theoretischen Vorprüfung macht sich die Studentin nun an die Planung ihrer Untersuchung mit dem Ziel, zunächst eine einfache Zusammenhangshypothese zu prüfen.

Abbildung 36: Formulieren einer Hypothese

Wann aber gilt eine **Hypothese** als **bestätigt bzw. widerlegt**?

Weder ist eine Hypothese, auch wenn sie allen wissenschaftlichen Anforderungen entspricht und nicht falsifiziert wurde, endgültig und absolut wahr noch geht bei einer Hypothese, die falsifiziert wurde, automatisch ihr Beitrag zur Wissenschaft verloren.

Sehr häufig kann die Abhängigkeit der (oder von mehreren) bedingten Variablen von der unbedingten Variablen einer Hypothese nach der Überprüfung in der Empirie **mit einer bestimmten Wahrscheinlichkeit** gemessen werden.[48]

Im Falle einer sehr hohen Wahrscheinlichkeit der Abhängigkeit der Variablen (z. B. mehr als 90 %) sprechen wir von einer **probabilistischen Hypothese**. Gerade in den Sozialwissenschaften haben wir es hauptsächlich mit dieser Art von Hypothesen zu tun. Bei einer gering(er)en Wahrscheinlichkeit des Wirkungszusammenhangs der Variablen gilt eine solche Hypothese als falsifiziert.

Bei einer 100 %igen Wahrscheinlichkeit sprechen wir von einer **deterministischen Hypothese**. Solche sind mehrheitlich in den Naturwissenschaften anzutreffen. Ein einziges Beispiel, bei dem der Wirkungszusammenhang der Variablen ausgeschlossen wird, genügt zur Falsifikation.

Zur Entwicklung von Hypothesen gibt es zwei lineare Modelle wissenschaftlicher Vorgehensweise. Die **Deduktion** (Schluss vom Allgemeinen auf das Besondere) und die **Induktion** (Schluss vom Besonderen auf das Allgemeine). Am Beispiel der Gravitation können wir die beiden Wege verdeutlichen:[49]

1) Induktiv (zuerst Beobachtung/Experiment, dann Theorie):

Ich mache eine Beobachtung: „Ein Apfel fällt zu Boden, wenn ich ihn loslasse.“ Nach mehreren solcher Einzelbeobachtungen mit demselben Ergebnis entwickle ich eine Hypothese betreffend die Erdanziehung von Gegenständen, die sich nach wissenschaftlichen Experimenten verifizieren lässt. Daraus entwickle ich eine Theorie, die allgemein gültig ist, also auch für Birnen und Eisenkugeln gilt. Diese Theorie ist nach weiterer Forschung auch die Basis für die Keplerschen Gesetze, welche die Bewegung der Planeten beschreiben.

48 Vgl. Hienerth/Huber/Kovarova-Simecek et al. (2009:32).

49 Launisch beschrieben von Ludmila Carone, Planetologin an der Universität zu Köln auf http://www.scienceblogs.de/planeten/2008/04/was-ist-eine-theorie.php [7.1.2010].

2) Deduktiv (zuerst Theorie logisch entwickeln, dann mit Experiment überprüfen):

Aristoteles behauptete nach Beobachtungen aus der Natur, dass schwere Gegenstände schneller fallen müssten als leichte. Galileo Galilei behauptete (durch Nachdenken und mithilfe der Mathematik) das Gegenteil und formulierte die Hypothese, dass nach den Gesetzen der Erdanziehung alle Körper gleich schnell fallen müssten. Mit der technischen Möglichkeit, ein Vakuum zu bilden, ist das auch experimentell überprüfbar. In einem Vakuum oder auf dem Mond fallen eine Eisenkugel und eine Feder gleich schnell zu Boden.

Vergessen wir nicht, dass im Gegensatz zu Naturgesetzen mit deterministischen Hypothesen in der Sozial- und Wirtschaftswissenschaft auch probabilistische Hypothesen mit entsprechenden Wahrscheinlichkeiten zur Anwendung kommen.

Die **Theorie** ist bei induktiver Vorgangsweise das Resultat und bei deduktiver Vorgangsweise der Ausgangspunkt einer empirischen Untersuchung.

☞ Es ist in der Regel nicht Aufgabe **einer Master- oder Magisterarbeit, völlig neue Theorien** zu entwickeln wie etwa Albert Einsteins Relativitätstheorie. Vielmehr können **Hypothesen** zur Beantwortung von spezifischen Fragestellungen entwickelt und eingesetzt werden.

3.1.5 Die Arbeit als Detektivgeschichte

Neben der **Deduktion** (Schluss vom Allgemeinen auf das Besondere) bieten sich für eine wissenschaftliche Arbeit auch das ***lineare Modell*** der **Induktion** (Schluss vom Besonderen auf das Allgemeine) und das ***zirkuläre Modell***, die so genannte **Abduktion**, an.

Deduktion beweist, dass etwas **sein muss**. Induktion zeigt, dass etwas **durchaus wahrscheinlich**, aber nicht zwingend wahr ist. Abduktion deutet lediglich darauf hin, dass etwas **sein kann**. Die folgende Grafik mit dem bekannten „Bohnen-Beispiel" von Charles Sanders Peirce soll dies verdeutlichen:[50]

50 Vgl. Peirce (1967:373ff).

	Deduktion	**Induktion**	**Abduktion**
Obersatz	Alle Bohnen im Beutel sind weiß	Alle Bohnen auf dem Tisch sind weiß	Alle Bohnen aus dem Beutel sind weiß
Untersatz	Alle Bohnen auf dem Tisch stammen aus dem Beutel	Alle Bohnen auf dem Tisch stammen aus dem Beutel	Alle Bohnen auf dem Tisch sind weiß
Schluss	Alle Bohnen auf dem Tisch sind weiß	Alle Bohnen im Beutel sind weiß	Alle Bohnen auf dem Tisch stammen aus dem Beutel
	Schluss vom Allgemeinen auf das Einzelne	**Hypothese vom Üblichen auf das Allgemeine**	**Hypothese vom Einzelnen auf das Allgemeine**

Abbildung 37: Deduktion, Induktion, Abduktion

Die **Abduktion** ist mit einer Detektivgeschichte vergleichbar, die mit der Beantwortung einer Hypothese endet.

- Sie treffen einige wenige Beobachtungen
- Was kann dahinter stehen?
- Theorie(n) zum Fachgebiet sammeln
- Formulieren einer Hypothese
- Bestätigung oder Ablehnung der Hypothese mit Begründung als Beitrag zur Theorie

Bei der Abduktion werden Hypothesen aufgrund beobachteter Phänomene abgeleitet, indem man einen plausiblen Zusammenhang zwischen einem **Indiz** und dem – zunächst nicht nachvollziehbaren – **Sachverhalt** annimmt, wie zum Beispiel:[51]

> *Herr Mayer trägt am rechten Ringfinger einen schlichten Ring. Aus dieser Beobachtung kann angenommen werden, dass er verheiratet ist. Aufgrund der bekannten Gesetzmäßigkeit, dass Menschen, die verheiratet sind, einen Ehering am rechten Ringfinger tragen, kann aus dem Indiz „trägt Ring am rechten Ringfinger" plausibel auf die Erklärung „verheiratet" geschlossen werden.*

Abschließend wollen wir die Forschungsprozesse in einer zusammenfassenden Grafik darstellen:

51 Vgl. Hienerth/Huber/Komarova-Simecek et al. (2009:34).

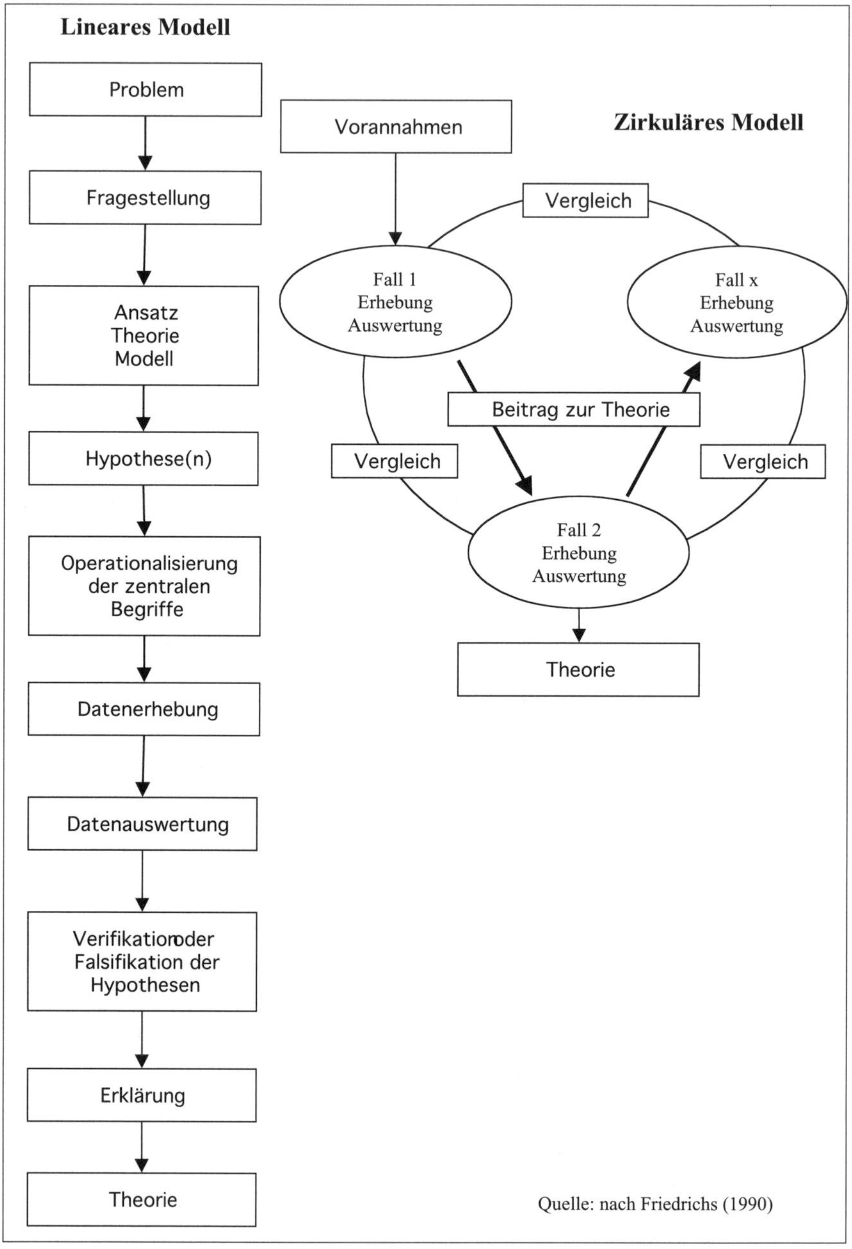

Abbildung 38: Der wissenschaftliche Forschungsprozess im Modell

3.1.6 Funktionale Analogien

Gerade bei **Bachelor- und Masterarbeiten** bietet sich die funktionale Analogie als eine mögliche Methodenform an: Wenden Sie dabei **bekannte theoretische Ansätze, Modelle oder Mechanismen in bzw. an einem speziellen und konkreten Fall** an. Das könnte beispielhaft ein regionales Tourismuskonzept sein, das Sie auf einen konkreten Fremdenverkehrsbetrieb umlegen und untersuchen.

3.1.7 Wissenschaftlich argumentieren

Wir haben bereits festgehalten, dass die wissenschaftliche Arbeit zur **Beantwortung der Forschungsfrage** dient.[52] Das nun folgende Kapitel zeigt Ihnen, wie Sie wissenschaftlich argumentieren.

Prinzipiell unterscheidet sich die **wissenschaftliche Argumentation** von der **Rhetorik** in einer Rede oder in einem Text, wo zur Beeinflussung von Meinungen entsprechende Mittel der Überredung eingesetzt werden. Dem Publikum zu schmeicheln kann rhetorisch nützlich sein, ist wissenschaftlich jedoch ohne Belang. Das Stilmittel der Wiederholung von Aussagen ist in der Rhetorik üblich, in der wissenschaftlichen Argumentation wird eine Aussage durch Wiederholung nicht richtiger, sondern führt letztlich zu Redundanzen. Auch ist der **Einsatz von Sophismen**, wie etwa der absichtliche Gebrauch von Polemiken, in der Wissenschaft nicht angebracht.

Gerade in der Wissenschaft hat der Autor darauf zu achten, dass seine Aussagen und Argumentationen verständlich und glaubwürdig, aber (möglichst) frei von manipulativen Elementen formuliert werden.[53]

Die **Makrostruktur der Argumentation** ist im Wesentlichen die Gliederung Ihrer Arbeit.[54]

Die wissenschaftliche **Mikrostruktur der Argumentation** ist die Formulierung an sich. Argumente sind entweder beschreibend (Aussagen über Vergangenheit, Gegenwart, Zukunft) oder wertend (was getan werden soll, was richtig oder falsch ist).[55]

---

52 Siehe auch Kap. 1.4.

53 Schwierig wird die Abgrenzung in der so genannten „Überzeugungsarbeit". Es gibt in der Praxis zahlreiche Anwendungsfälle, in denen bei der Formulierung von Aussagen der situative Kontext sowie die Motive, Erfahrungen und Erwartungen des Gesprächspartners bewusst miteinbezogen werden. Dies mit dem Ziel, einen Bewusstwerdungsprozess, eine Problemerfassung oder simpel eine Meinungsänderung herbeizuführen. Während solche Mittel etwa in der Sozialarbeit mit entsprechender Sorgfalt zur Anwendung kommen, werden z. B. in Verkaufsgesprächen manipulative Elemente in Argumentationen angewendet, damit ein potentieller Käufer etwas kauft, was er eigentlich gar nicht braucht.

54 Vgl. Halwax/Huber/Süssenbacher (2009:150ff).

55 Vgl. Browne/Keeley (2007:15–21).

Argumentation im wissenschaftlichen Text bedeutet, dass Aussagen derart verknüpft werden, dass eine **konsistente Argumentationskette** von der Forschungsfrage bis zur Beantwortung derselben gebildet wird.

Wissenschaftliche Aussagen müssen belegt werden. Dies kann auch durch **Berufung auf eine Autorität**, also etwa durch **Zitat** bzw. **Verweis** auf einen bereits erfolgten wissenschaftlichen Test, oder durch eigene empirische Untersuchung erfolgen.

Auch **anderslautende Meinungen anderer Autoren** sollen in den eigenen Text aufgenommen werden. Es geht darum, den Stand der Diskussion darzustellen. Wenn nur eine relevante Literaturstelle Ihre Meinung stützt und wesentliche andere das Gegenteil darlegen, so sollten Sie Ihre Argumentation ändern und keinesfalls nur jene Literaturbelege anführen, die sich mit Ihrer Meinung decken!

☞ **Beachten Sie beim Argumentieren:**

1. **Wertannahmen** müssen als solche identifizierbar sein bzw. vom Autor ausgewiesen werden.
2. **Trugschlüsse** sind zu vermeiden.[56] Diese sind nur dann erlaubt, wenn sie als solche identifizierbar sind und ausgewiesen werden.
3. Seien Sie sorgsam im **Umgang mit statistischen Daten**. Gerade bei der Auswahl des Referenzpunktes[57] oder bei der Entscheidung, ob Sie absolute bzw. relative Zahlen verwenden.[58]

---

56 Wie die bekannten Trugschlüsse „ad populum“ (etwas wird als richtig angenommen, weil die Mehrheit es so sieht) oder der „entweder-oder“-Trugschluss (durch die Darstellung zweier Alternativen wird absichtlich oder unabsichtlich eine etwaige weitere Alternative ausgeschlossen).

57 Wenn Sie für die Darstellung des globalen Temperaturanstiegs ein Vergleichsjahr mit hohen Durchschnittstemperaturen verwenden, wird das Ergebnis anders aussehen als bei einem Vergleichsjahr mit sehr niedrigen Temperaturen. Ein Wirtschaftswachstum von 2 %/ Jahr ist in Zeiten einer Hochkonjunktur anders zu werten als im Jahr nach einer Rezension von -4 %.

58 Wenn Sie zwei Unternehmen vergleichen: Unternehmen A steigert den Umsatz von 10 auf 20 Tausend Euro und erzielt damit einen Zuwachs von 100 %. Unternehmen B steigert im gleichen Zeitraum den Umsatz von 100 auf 150 Tausend Euro, also um +50 %. Vergleichen Sie also die relativen Werte, war Unternehmen A mit 100 % Zuwachs „erfolgreicher“ als Unternehmen B. Angesichts der absoluten Zahlen hat das Unternehmen B mit einem Zuwachs von 50 Tausend Euro jedoch fünfmal mehr Zuwachs erzielt als Unternehmen A mit gerade 10 Tausend Euro.

4. Verschweigen Sie **nicht** absichtlich Informationen, die sich **negativ auf Ihre Schlussfolgerungen auswirken** (können). Sie müssen „objektiv" sein und redlich für Ihre Schlussfolgerungen „kämpfen", also argumentieren.
5. Sind **Gegenargumente** vorhanden, sind diese zu dokumentieren. Dann werden Pro und Kontra einer Argumentation bzw. Aussage abgewogen und diskutiert.
6. Zur Veranschaulichung allgemeiner Argumente können auch **konkrete Beispiele** dienen.
7. **Zentrale Aussagen** sollen entsprechend hervorgehoben werden und sich sowohl in den Schlussfolgerungen des jeweiligen Kapitels wie auch in der Zusammenfassung der Arbeit wiederfinden. Sie bilden die **Schlüssel-Antwort(en) auf die Forschungsfrage**.

In der **sprachlichen Gestaltung von Argumenten** steht nicht die Komplexität im Vordergrund (komplizierte, verschachtelte Sätze erhöhen den Wahrheitsgehalt nicht), sondern klare Aussagen mithilfe entsprechender sprachlicher Mittel. Achten Sie generell auf die Ausgewogenheit positiv und negativ formulierter Aussagen. Positiv formulierte Aussagen sind zu bevorzugen.

Zur **Formulierung von Erkenntnissen** dienen **satzverknüpfende Ausdrücke**, durch die der gedankliche Zusammenhang ersichtlich wird. Diese Wörter leiten Schlüsse ein, die aus dem davor Gesagten gezogen werden:

- *„deshalb"*
- *„darum"*
- *„damit"*
- *„folglich"*

Um **Bezüge** zwischen Aussagen und Argumenten herzustellen, dienen u. a. folgende Stilmittel:

Verbinden	**Gegensätze**	**Abwägen/Relativieren**
• *„weil"* • *„während"* • *„dazu kommt, dass …"* • *„sowohl"*	• *„dagegen"* • *„im Gegensatz dazu"* • *„andererseits"* • *„aber"*	• *„trotzdem"* • *„dennoch"* • *„obwohl"* • *„allerdings"*

Abbildung 39: Bezüge zwischen Aussagen

Gerade bei zentralen Sätzen und Aussagen dürfen **keine unseriösen Wendungen** gebraucht werden: *„Es ist selbstverständlich logisch, dass ...; Es leuchtet ein, dass ...; Was sich somit als einzig richtiges Modell herausstellt ...“.*

Wertende Begriffe wie *„vernünftig“, „ethisch“, „moralisch“* etc. müssen mit einem entsprechenden Bewertungsmaßstab versehen werden.

Fragen Sie sich **bei zentralen Aussagen**: *„Was genau will ich dem Leser sagen?“*

3.2 Wissenschaftliche Quellen

Die Verwendung von wissenschaftlichen Quellen wie Literatur und Empirie ist wesentliches Merkmal der Qualität der eigenen Argumentation. **Unbewiesene Behauptungen sind nicht Zeichen kritischen Denkens, sondern ungenauen Arbeitens.** Es gibt viele verschiedene Quellen, die wissenschaftliche Inhalte haben können:

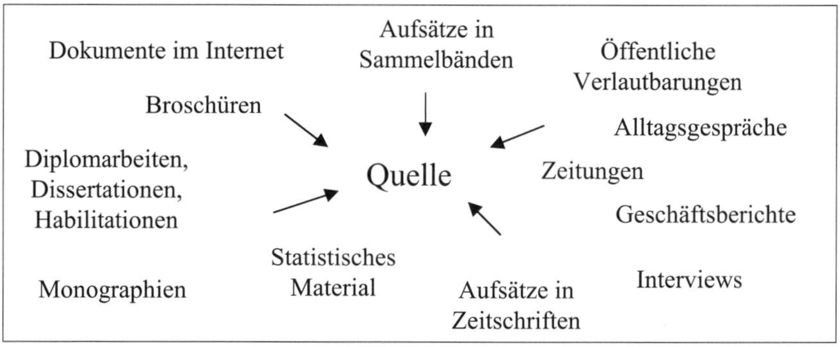

Abbildung 40: Verschiedene Quellen

Im Zeitalter von elektronischen Bibliothekskatalogen, Datenbanken und World Wide Web können Sie rasch und relativ einfach viel Information zu einem Thema herantragen. Beinahe jeder Aufsatz aus einschlägigen Fachjournalen und Zeitschriften wird heute in Datenbanken oder auf Datenträgern gespeichert, viele davon sind sogar als Volltextdokument verfügbar.

Als **Rechercheunterstützungen** gibt es: Schlagwortsuche in Bibliothekskatalogen, Informationsmittler für Online-Datenbanken, Datenserver (inter-)nationaler Institute und Organisationen (UNO, Europäische Union, statistische Ämter etc.), Metasuchmaschinen im WWW, CD-ROM-Datenbanken uvm.

Die technischen Möglichkeiten der Literatursuche helfen zwar auf der einen Seite, ein hohes Ausmaß an Quantität zu erreichen, gleichzeitig besteht dadurch aber die Gefahr, unter dem verfügbaren Berg von Literatur „zu ersticken“. Es ist daher ratsam, gefundene Literatur sofort zu klassifizieren, um relevante von nicht relevanter Literatur zu trennen.[59]

Nachdem Sie sich einen Überblick über das weit reichende Angebot unserer Bibliotheken verschafft haben, sollten Sie System in Ihre Literaturrecherche bringen und Ratgeber für Ihre Recherche befragen.

3.2.1 Ratgeber für die Recherche

Betreuer

Sie können selbstverständlich Ihren Betreuer nach Literatur fragen. Andererseits soll eine wissenschaftliche Arbeit auch Zeugnis einer selbständigen Arbeit sein. Kombinieren Sie daher diese Vorschläge mit eigenen Recherchen, die vielleicht auch für den Betreuer neue Informationen liefern werden.

Institute

Themen- und fachverwandte Institute sind ebenfalls zu befragen. Bedenken Sie jedoch, dass die Hilfestellung „fremder“ Institute auch von Ihren Vorbereitungen abhängt. „Ich suche irgendwas zum Thema so und so.“ wird Ihnen hoffentlich ein freundliches Lächeln, jedoch wahrscheinlich auch eher oberflächliche Ergebnisse liefern.

Institutionen, Organisationen

Bei öffentlich diskutierten Themenstellungen empfiehlt es sich, auch direkt bei Medien anzufragen.[60] Informieren Sie sich weiters bei Ministerien, Kammern, Interessenvertretungen, Vereinen, die thematisch zu Ihrem Thema passen. Meistens besitzen diese eine themenspezifische Bibliothek, die – eventuell nach Voranmeldung – öffentlich zugänglich ist.

59 Siehe Kap. 3.2.6.

60 Etwa Anforderung eines Pressespiegels bei der nationalen Presseagentur (meist gegen Gebühr).

Informationsstellen in den Bibliotheken

Universitätsbibliotheken verfügen über Informationsstellen, die mit den Fragen suchender Studierender vertraut sind.

Literaturverzeichnisse

Literaturverzeichnisse sowohl in Monographien und Lehrbüchern als auch in Zeitschriftenartikeln bieten wertvolle Querverweise zu verwandter Literatur.

Bibliographien/Nachschlagewerke

Bibliographien, das sind „Bücher über Bücher“, enthalten vorhandene Literatur zu bestimmten Themenbereichen. Bibliographien werden immer mehr durch elektronische Schlagwortsuche ersetzt.

Nachschlagewerke und Enzyklopädien nennen zu einem bestimmten Stichwort häufig „Klassiker“, die sich mit dem Themenschwerpunkt befassen.

Recherche-Plattformen

Relativ neu sind Online-Plattformen, die sich auf die Literatursuche und -beschaffung spezialisiert haben. Auf dem Server der Universität Münster finden Sie zum Beispiel LOTSE, ein digitales Recherchesystem (http://lotse.uni-muenster.de).

3.2.2 Elektronische Bibliothekskataloge

Auf den folgenden Websites finden Sie **vollelektronische Bibliothekskataloge** mit Suchmöglichkeiten nach Autor, Titel, Schlagworten uvm.

Karlsruher Virtueller Katalog (KVK): Wird mittlerweile vom Karlsruher Institut für Technologie (KIT) betrieben: Gemeinsame Suche in allen maßgeblichen deutschsprachigen Bibliotheksverbünden sowie in ausgewählten internationalen Bibliotheken.

URL: www.ubka.uni-karlsruhe.de/kvk.html

Auf der Website des **Österreichischen Bibliothekenverbundes (obvsg)** sind alle wissenschaftlichen Bibliotheken (inkl. Universitätsbibliotheken) Österreichs erfasst.

URL: www.obvsg.at/kataloge/verbundkataloge

Die Bibliothek der **Deutschen Nationalbibliothek** in Frankfurt ist ebenso im Internet zu finden.

URL: www.d-nb.de

Bilbiothek.ch bietet eine umfassende Übersicht über **die Schweizerischen Bibliotheksverbünde**, darunter auch der Schweizer Virtuelle Katalog.

URL: www.bibliothek.ch

3.2.3 Digitale Datenbanken

Digitale Datenbanken dienen vor allem der **Katalogisierung von Artikeln in Fachjournalen und Zeitschriften**. Aber auch Konferenzberichte, Papers und andere Publikationen werden in diesen Datenbanken verzeichnet und liegen in vielen Fällen auch im Volltext auf. Auf den Bibliotheken liegen meist **Anleitungen** zur Arbeit mit den digitalen Datenbanken auf. Sollten Sie noch weitere Fragen haben, so sind Ihnen die Informationsstellen auf den Bibliotheken sicher behilflich.

3.2.4 Suchmaschinen im WWW

Kein anderes Massenmedium hat sich in vergleichbarer Rasanz entwickelt. Bei der Recherche setzt sich – vor allem für den ersten Überblick – die Online-Recherche immer mehr durch. Begriffe werden immer häufiger mithilfe von Internet-Suchmaschinen (wie Google, Yahoo) geklärt. Empfehlenswert ist die Suchmaschine **Google Scholar**, eine hervorragende Suchmaschine, wenn es um wissenschaftliche Papers geht. Wenn man sich in einem Universitätsnetz befindet, dann wird unter Umständen sogar angezeigt, ob sich die entsprechend angezeigte Quelle im Bestand der Uni/Hochschule befindet.

URL: http://scholar.google.de

So schnell sich die Information im Netz entwickelt, so vergänglich ist sie in einzelnen Fällen aber auch. Denken Sie daran, dass Ihre maßgeblichen Quellen auch nach Jahren noch auffindbar sein müssen. Somit werden reale Bücher und gedruckte wissenschaftliche Publikationen auch noch für einige Zeit die wissenschaftlichen Belege für Theorien und maßgebliche Zitate sein.

3.2.5 Wikipedia

Wikipedia hat sich zu einer umfangreichen Online-Enzyklopädie entwickelt und ist grundsätzlich als Recherche-Instrument auch beim wissenschaftlichen Arbeiten geeignet.[61]

☞ Auch wenn das Verwenden von Wikipedia als Recherche-Instrument grundsätzlich auch beim wissenschaftlichen Arbeiten geeignet ist, bedenken Sie bitte, dass Wikipedia als gute Orientierung, jedoch **nicht als wissenschaftliche Quelle** dient.

Der Inhalt ist nicht wie bei gebundenen Enzyklopädien von anerkannten Verlagen auf seine Qualität geprüft, sondern wird durch die Web-Community befüllt.

Sie sind also dazu angehalten, vor der Verwendung von Information aus Wikipedia die entsprechenden Originalquellen zu recherchieren!

URL: www.wikipedia.de

3.2.6 Einteilung und Klassifizierung von wissenschaftlichen Quellen

Natürlich muss es sich bei den Quellen der Arbeit um solche handeln, die auch einwandfrei nachvollzogen werden können. In der Regel ist immer die Primärquelle vorzuziehen. Strikter Verzicht gilt für die Verwendung von Tertiärquellen.

61 "It [Wikipedia] is sure good enough to help me learn what I need to learn – which is how to quickly take a bunch of facts and turn them into a new and useful idea." Seth Godin (www.sethgodin.com).

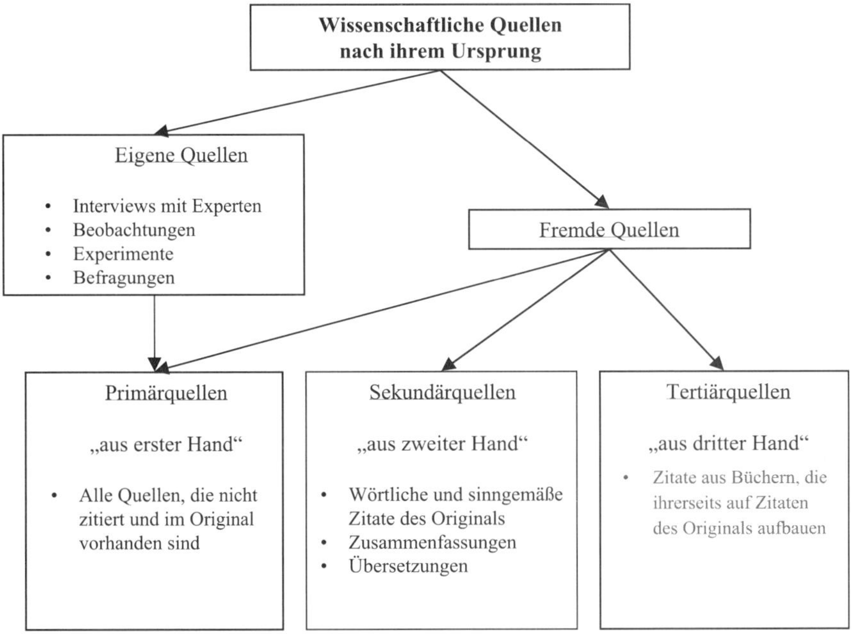

Abbildung 41: Wissenschaftliche Quellen nach ihrem Ursprung

Selbstverständlich kann eine Sekundärquelle wesentlich zum Verständnis von **Primärquellen** beitragen[62], für Zitate wird dennoch auf die Originalquelle zurückgegriffen.[63] Nur wenn das Original aus verständlichen Gründen nicht greifbar ist[64] oder wenn Sie z. B. eine Arbeit über Literaturkritik schreiben und diese die Interpretation und Rezeption einer Primärquelle behandelt, können Zitate aus Sekundärquellen verwendet werden. Ziehen Sie in diesem Fall jedenfalls nur vertrauenswürdige Quellen heran.

Eine Konsequenz für das Zitieren aus Sekundärquellen ergibt sich nach Eco (2010:72):

> *„Was ihr aber auf gar keinen Fall tun dürft, das ist, aus einer Quelle zweiter Hand zitieren und so zu tun, als hättet ihr das Original gesehen. Das ist nicht nur eine Frage des beruflichen Anstands: stellt euch vor,*

62 Wie es z. B. bei der Abfassung einer Masterarbeit themenverwandte Masterarbeiten sind.
63 Die Sekundärquelle wird jedoch zur Primärquelle, wenn diese per se neue Erkenntnisse liefert.
64 Dies ist in Zeiten globaler Bibliotheken jedoch äußerst selten.

jemand kommt und fragt euch, wie es euch gelungen ist, das und das Manuskript einzusehen, von dem man weiß, daß es 1944 zerstört wurde.“

Eigene Befragungen etc. sind naturgemäß Primärquellen. Beachten Sie, dass Sie Ihre Erkenntnisse auch mittels wissenschaftlich anerkannter Erhebungsmethoden gewinnen.

Während Monographien oder Aufsätze in Sammelbänden in einem Verlag publiziert und auf Bibliotheken einsehbar sind, kann ein Zitat aus einem unveröffentlichten Manuskript oder internetbasierte Information nicht immer einwandfrei nachvollzogen werden. Bei solchen Quellen, die – abgesehen von ihrer wissenschaftlichen Relevanz (Zeitungsartikel) – nicht oder nur schwer nachvollziehbar sind, spricht man von Grauer Literatur.

> Freilich kann in Einzelfällen ein Zitat aus **Grauer Literatur** verwendet werden (z. B. **zur Illustration** oder Ergänzung), jedoch niemals zur Untermauerung eigener wissenschaftlicher Argumentation.

Häufig wird die Frage gestellt, ob bei der Abfassung von Bachelor-, Master- oder Magisterarbeiten Zitate aus anderen – gleichwertigen – Bachelor-, Master- oder Diplomarbeiten verwendet werden dürfen. Kurz gesagt: Es sollte sich dabei eher um die Ausnahme als um die Regel handeln. Die Übernahme und Diskussion von originellen Ideen oder Erkenntnissen, die sich dort finden können, ist möglich, jedoch können solche Zitate nicht der Fundierung der gesamten eigenen Arbeit dienen.

3.2.7 Welche Quelle ist niveauvoll?

Wer sagt mir, ob die verwendete Literatur auch wissenschaftlich, inhaltlich relevant – nennen wir es der Einfachheit halber „niveauvoll“ – ist?

Der Bekanntheitsgrad eines Autors ist dabei nicht unbedingt ausschlaggebend, denn es ist nicht gesagt, dass die besten Gedanken auch von den bekanntesten Autoren stammen.[65]

Indizien für eine wissenschaftliche Arbeit

- Korrekte Zitierweise
- Ausführliche Quellenangaben
- Wissenschaftlichkeit in der Argumentation
- Wissenschaftlich durchgeführte Empirie

---

65 Vgl. Eco (2010:180).

Indizien für eine niveauvolle wissenschaftliche Arbeit

- Anerkannter Verlag, Angabe anerkannter Quellen
- Vorwort (gibt Aufschluss über die Entstehungsgeschichte, Auseinandersetzung etc.)
- Geleitworte anerkannter Wissenschafter
- Artikel in einem Sammelband namhafter Herausgeber, Journalbeitrag

3.2.8 Illustrationen mit Abbildungen, Tabellen etc.

Was Illustrationen anbelangt, müssen die Quellen nicht unbedingt wissenschaftlicher Natur sein. Auch Graue Literatur wie Broschüren, Berichte und auch bestimmte Webseiten bieten Grafiken und Abbildungen, die Sie zu Illustrationszwecken verwenden können.

Auch wir haben in diesem Buch mehrmals auf solche Illustrationen zurückgegriffen. Es bleibt jedoch in jedem Fall unbedingt erforderlich, die Quelle zu einer Abbildung anzugeben.

3.2.9 Problembereich Internet als Quelle

Das Internet weist als (wissenschaftliche) Quelle einen nicht unwesentlichen **Problembereich** auf. Elektronische Quellen bieten nicht dieselbe Sicherheit wie gedruckte und katalogisierte Bücher und Zeitschriften.

So kann es passieren, dass ein Leser Ihrer Arbeit, der die von Ihnen zitierte Internetseite aufruft, ganz andere Informationen auf einer veränderten Seite auffindet. Schlimmer noch, wenn **die zitierte URL am angegebenen Platz nicht auffindbar ist und kein Verweis eine neue Adresse anzeigt**.

Dass so etwas auch bei einem oft zitierten Artikel vorkommen kann, der noch dazu am Server des renommierten MIT (Massachusetts Institute of Technology) publiziert wurde, sehen Sie anhand des beispielgebenden Artikels von Matthew Gray im Kap. 4.5.1. Der Beitrag des (mittlerweile ehemaligen) Mitarbeiters am MIT ist nicht mehr über die angegebene (und in vielen Büchern zitierte!) URL abrufbar. Es existiert auch kein Verweis. Inhaltlich wäre ein Zitat mit der angegebenen Quelle also nicht mehr direkt nachvollziehbar. Jedoch muss an dieser Stelle auch gewürdigt werden, dass die Verlässlichkeit renommierter Server und ihrer Archive seit 1997 sicher enorm zugenommen hat. So haben die Herausgeber heutiger e-journals, die zu einem überwiegenden Teil nur online erscheinen, deren Server und Programme so konzipiert, um eine langfristige Archivierung zu gewährleisten.

Eine befriedigende **Lösung** für dieses Problem **gibt es (noch) nicht**. Es liegt an Ihnen, auf die Seriosität des Anbieters eines Dokumentes zu achten. Bekannte Firmen, Organisationen, Institutionen und Wissenschafter mit Reputation werden freilich darauf achten, Veränderungen ausdrücklich zu kennzeichnen.

Vorsicht ist geboten bei Grauer Online-Literatur. Darunter fallen Artikel aus Wikipedia, Forschungsberichte, Beiträge aus Aufsatzsammlungen, Diskussionsbeiträge etc. Sie sollten – wie bei gedruckter Grauer Literatur – jedenfalls auf ihre formale und inhaltliche Qualität genau geprüft werden und müssen stets exakt zitiert werden, um ein Plagiat zu vermeiden.

3.3 Zur Darstellung empirischer Ergebnisse

Viele Studien fordern von den Studierenden empirische Untersuchungen als unumgänglichen Bestandteil von Abschlussarbeiten. Auch in fast allen anderen Fachbereichen sind empirische Untersuchungen möglich und können die **Qualität und den Nutzen Ihrer Arbeit steigern**.

Datenerhebung und Datenauswertung dienen nicht nur der Gewinnung und Ableitung eigener originärer Erkenntnis oder der Prüfung aufgestellter Hypothesen, sondern liefern ebenso einen Nachweis, dass Sie **Kompetenz in der Anwendung von Forschungsmethoden** erworben haben.

Zu den **gängigsten Methoden** zählen:
1. Beobachtung
2. Befragung
3. Interview
4. Experiment
5. Inhaltsanalyse
6. Diskursanalyse
7. Nicht reaktive Verfahren

Zu den Methoden der empirischen Sozialforschung empfehlen wir folgende Literatur:

☞ Atteslander, Peter: Methoden der empirischen Sozialforschung, Berlin: ESV 2010.

Diekmann, Andreas: Empirische Sozialforschung. Grundlagen, Methoden, Anwendungen. Reinbeck bei Hamburg: Rowohlt 2007.

Häder, Michael: Empirische Sozialforschung. Eine Einführung, Wiesbaden: VS Verlag 2010.

Sie sollten sich bei der Erstellung des Fragebogens, des Interviewleitfadens, des Beobachtungsdesigns etc. mit Ihrem Betreuer oder einem wissenschaftlichen Mitarbeiter Ihrer Fakultät bzw. Ihres Lehrgangs beraten.

3.3.1 Wahl der Untersuchungsart/Methode

Zu beachten ist grundsätzlich die **Konsistenz** von Forschungsziel und Methode. Die Methode der empirischen Untersuchung (Fragebogen, Interview, Beobachtung etc.) hat sich immer am Ziel und an der Forschungsfrage zu orientieren und nicht etwa umgekehrt. Welche Untersuchungsart passt zu welchem Forschungsdesign?

Hypothesenprüfende oder explanative Untersuchungen

Lassen sich aufgrund des Standes der Theorie bzw. aufgrund von bereits durchgeführten Untersuchungen entsprechend begründete Hypothesen formulieren, dient z. B. ein **Experiment** zur Überprüfung von entsprechenden Aussagen.

Beispielhafte Hypothesenprüfungen wären:

- **Zusammenhangshypothesen**: Zwischen zwei oder mehreren Merkmalen besteht ein Zusammenhang. (Beispiel: Zwischen den Merkmalen „Alkoholkonsum“ und „Zigarettenkonsum“ besteht ein positiver Zusammenhang.) Überprüfung etwa durch Signifikanztests mittels Tabellen-, Korrelations- und Regressionsanalysen.
- **Unterschiedshypothesen**: Zwei oder mehrere Populationen unterscheiden sich in einem oder mehreren Merkmalen. (Beispiel: Studierende der Naturwissenschaften und Sozialwissenschaften unterscheiden sich in der Bereitschaft, an studentischen Streiks teilzunehmen.) Überprüfung etwa durch Signifikanztests mittels Zeitreihen- und Panelanalysen.
- **Veränderungshypothesen**: Die Ausprägungen einer abhängigen Variablen verändern sich im Lauf der Zeit. (Beispiel: Wiederholte negative Nennung eines Politikers in den Medien verringert die Bereitschaft, diesen zu wählen.) Überprüfung etwa durch Signifikanztests mittels Mittelwert- und Varianzanalysen.

Erkundende oder explorative Untersuchungen

Diese Untersuchungen werden in erster Linie mit dem Ziel durchgeführt, in einem **relativ unerforschten** Untersuchungsbereich neue Hypothesen zu entwickeln oder theoretische bzw. begriffliche Voraussetzungen dafür zu schaffen. Charakteristisch für diese Untersuchungsart sind beispielsweise die folgenden methodischen Ansätze:

- Durch **Interviews** von Einzelpersonen oder Gruppen (bzw. Gruppendiskussion) erfährt man, welche Probleme, welche Erklärungen oder Meinungen diese haben.
- Bei der **Feldbeobachtung** (Feldforschung) integriert sich der Forscher in das soziale Leben des untersuchten Systems, beobachtet und miterlebt dabei die Verhaltensmuster und versucht, die unausgesprochenen Gesetze und Regeln des Zusammenlebens zu ergründen.
- Im Verlaufe einer **Aktionsforschung** werden zusammen mit Betroffenen die Problemstellungen formuliert. Nach einer Ursachensuche werden Lösungsvorschläge (Interventionen) entworfen, getestet und evaluiert. Die Ergebnisse können Anlass zur Modifikation von Theorien und Interventionsstrategien geben.

Beobachtungen bieten sich vor allem dann an, wenn vermutet werden kann, dass die verbale Selbstdarstellung nicht mit dem tatsächlichen Verhalten übereinstimmt.

Qualitatives Material in Form von Interviewtranskripten, Beobachtungsprotokollen kann mittels qualitativer **Inhaltsanalysen** ausgewertet werden. Ziel der qualitativen Inhaltsanalyse ist es, die manifesten und latenten Inhalte des Materials zu erforschen und in ihrem sozialen Kontext und Bedeutungsfeld zu interpretieren.

Populationsbeschreibende (deskriptive) Untersuchungen

Sollte es in Ihrer Arbeit nicht primär darum gehen, Phänomene durch Theorien und Hypothesen zu erklären, können Sie ausgesuchte Populationen hinsichtlich ausgewählter Merkmale beschreiben.

Diese Untersuchungsart wird vor allem in demoskopischen Forschungen eingesetzt, in denen die Zusammensetzung der Bevölkerung bzw. von Teilen der Bevölkerung in Bezug auf bestimmte Merkmale sowie deren Veränderungen interessieren. Im Vordergrund stehen **Stichprobenerhebungen**, die eine möglichst genaue Schätzung der unbekannten Merkmalsausprägungen in der Population *(Populationsparameter)* gestatten.

Zur Prüfung von Merkmalsausprägungen einer Ziel- oder Untersuchungsgruppe werden häufig **Befragungen** eingesetzt.

Die **Befragung** wird in der Regel mit standardisiertem Fragebogen durchgeführt, die Fragen und Antwortmöglichkeiten sind dabei vorgegeben. Somit kann auch eine große Zahl an Personen mündlich (z. B. persönlich, telefonisch) oder schriftlich (z. B. per E-Mail, online) befragt werden. Die **Online-Befragung** ist eine kostengünstige Variante, bei der die gewonnenen Daten – je nach Software – elektronisch vorliegen und am PC ausgewertet werden können.[66]

Eine Zwischenstellung nimmt die **Befragung von Expertinnen und Experten** ein. Diese Methode wird einerseits verwendet, um eine deskriptive Studie vorzubereiten, kann aber andererseits auch bereits gewonnene Ergebnisse (etwa einer quantitativen Inhaltsanalyse) interpretieren helfen. Darüber hinaus wird das „**Experteninterview**" eingesetzt, um Einschätzungen über einen Sachverhalt zu bekommen, der schwer strukturierbar ist (etwa in Form einer so genannten Delphi-Studie, bei der Expertisen zu Zukunftsentwicklungen in einem bestimmten Feld eingeholt werden). Folgende Fragen sollten Sie bei der **Erstellung des Interview-Leitfadens** klären:

1. Sind alle Fragen einfach und eindeutig formuliert und auf einen Sachverhalt ausgerichtet? Zielt eine Frage gleichzeitig auf mehrere Inhalte ab, sollte sie in Einzelfragen zerlegt werden.
2. Gibt es negativ formulierte Fragen, deren Beantwortung nicht eindeutig sein könnte? (Beispiel: „Glauben Sie nicht, dass Popper mit dieser Aussage recht hat?" Ein „Nein" auf diese Frage würde sprachlich korrekt ausgewertet Zustimmung zu Poppers Aussage bedeuten.)
3. Sind die Fragen so formuliert, dass zwischen Wissen, Gefühlen und Einstellungen des Interviewten differenziert werden kann?
4. Ist jede Frage erforderlich?
5. Besteht die Gefahr, dass durch die Abfolge der Fragen die Ergebnisse beeinflusst werden? (Sequenzeffekte)
6. Enthält das Interview genügend Abwechslungen, um die Motivation des Befragten aufrechtzuerhalten? Häufig ist es sinnvoll, das Frage-Antwort-Schema durch das Einbringen verschiedener Materialien (visuelle Vorlagen etc.) aufzulockern.
7. Sind die Fragen suggestiv formuliert? Suggestivfragen sind zu vermeiden (Beispiel: „Sie sind wohl auch der Meinung, dass ...").
8. Sind die Eröffnungsfragen richtig formuliert? Eine leicht zu beantwortende Frage (z. B. biographische Angaben) entspannt die Atmosphäre.

Aus den Interviews können Sie in Ihrer Arbeit entsprechend zitieren und Schlüsse ziehen. Ob das Interview (oder alle) vollständig transkribiert und in welcher Form sie der Arbeit (als Anhang) beigefügt werden müssen, klären Sie bitte mit dem Betreuer.

---

66 Im WWW gibt es Anbieter, um Online-Befragungen durchzuführen und auszuwerten. Dazu gehört beispielsweise www.kostenlose-online-umfragen.de [7.1.2010].

3.3.2 Aufbereitung und Interpretation der Daten

Der nächste Planungsschritt gilt der Aufbereitung der „Rohdaten". Die **statistische Datenanalyse** setzt voraus, dass die Untersuchungsergebnisse in irgendeiner Weise numerisch quantifiziert sind. Liegen noch keine Zahlen für die interessierenden Variablen, sondern z. B. qualitative Angaben vor, müssen diese für eine statistische Analyse zu Kategorien zusammengefasst und numerisch kodiert werden.

☞ In Abhängigkeit vom Umfang des anfallenden Datenmaterials erfolgt die statistische Datenanalyse meistens auf einem PC. Sollten Sie mit umfangreichen Daten zu tun haben, dann empfiehlt es sich, die Programme SPSS von IBM (www.ibm.de) und SAS (www.sas.de) genauer zu studieren. Einige Hochschulen haben in ihrem Uni-Netzwerk entsprechende Lizenzen, die Sie als Studierende nutzen können. Im Internet ist auch das Tutorial auffindbar, das den Einsatz mit den Programmen beschreibt.

In deskriptiven Studien ist die Aggregierung bzw. Zusammenfassung des erhobenen Datenmaterials vorrangig. Diese kann durch die Ermittlung einfacher statistischer Kennwerte wie z. B. dem arithmetischen Mittel oder einem Streuungsmaß, durch die Anfertigung von Grafiken oder aber durch aufwändigere statistische Verfahren wie z. B. eine Clusteranalyse, eine Faktorenanalyse oder Zeitreihenanalyse erfolgen. Bei der Darstellung und Diskussion empirischer Ergebnisse haben sich Grafiken (wie sie z. B. Excel anbietet) bewährt. Wesentlich bei der Darstellung sind jedenfalls die Angabe der Fallzahl und eine ausführliche Legende.

Bei **qualitativen Daten** oder der Darstellung von Experteninterviews sind quantitative Auswertungen (z. B. die Angabe von Prozentwerten) nicht angebracht. Hier empfiehlt sich eine Zusammenfassung oder aber im Falle der wörtlichen Übernahme von bestimmten Aussagen die wörtliche Zitation aus dem Transkript (das entweder im Anhang beigefügt wird oder als Datenträger beiliegt).

4 Zitieren

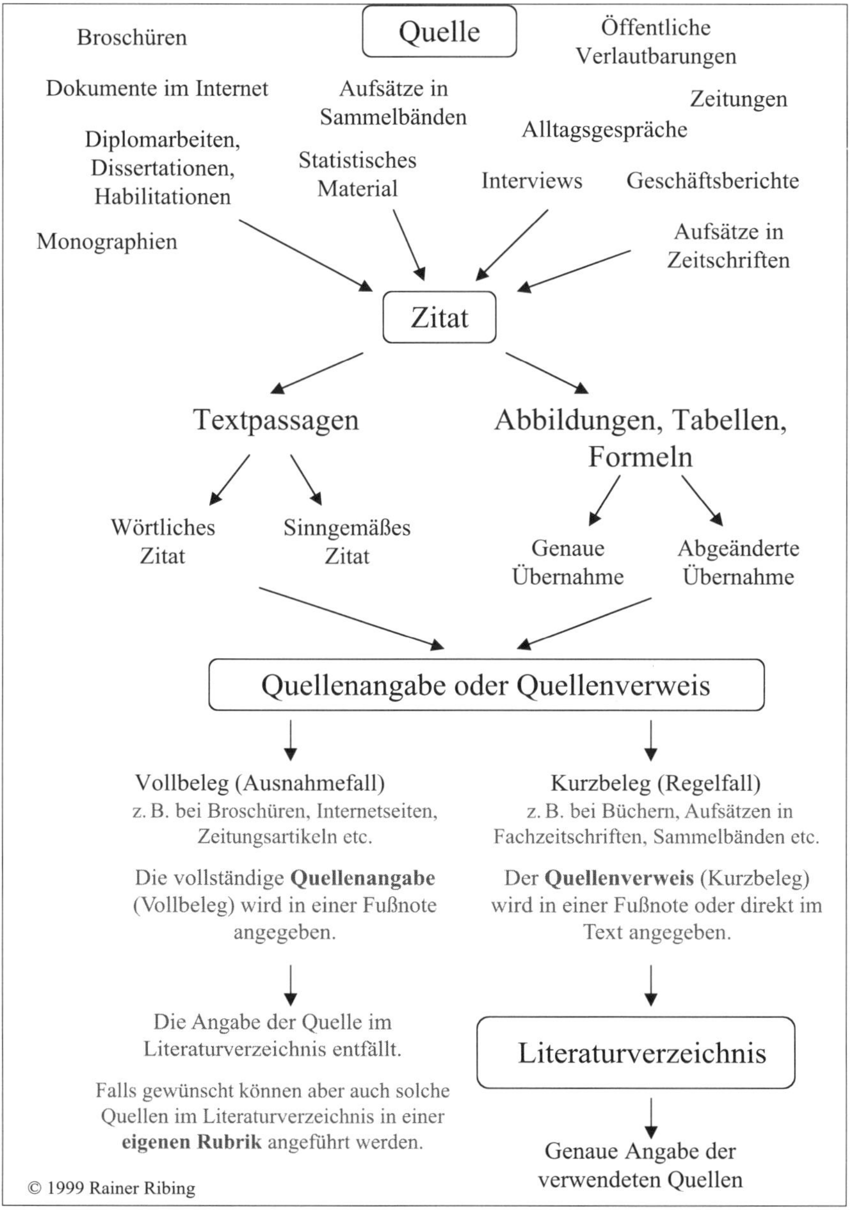

Abbildung 42: Systematisches Zitieren von Quellen

4.1 Zitat

Jedes Zitat muss überprüfbar und einwandfrei nachvollziehbar sein. Einwandfreies Zitieren ist Ausdruck wissenschaftlicher Sorgfalt. Übernommenes fremdes Gedankengut ist in jedem Fall – egal ob als wörtliches oder sinngemäßes Zitat – als solches kenntlich zu machen. Eigene Standpunkte und jene anderer Autoren müssen also jeweils erkennbar sein. Grundsätzlich werden Zitate entweder **direkt**, also wörtlich, oder **indirekt**, also sinngemäß, formuliert, wobei direkte Zitate auch als solche kenntlich gemacht werden (etwa durch kursive Schrift oder durch Einrücken des Textes). Beim indirekten Zitat wird der Text eines Autors nicht 1:1, sondern sinngemäß übernommen. Sinngemäß bedeutet in diesem Zusammenhang, dass Sie in einer eigenen Formulierung das schreiben, was ein Autor gesagt oder herausgefunden hat, und Sie diesen Aspekt passend in Ihre Arbeit einbetten. Dabei sollen aber auch Zustimmung oder eine kritische Auseinandersetzung Platz haben oder die Erklärung, was das für Ihre Arbeit in Ihrem eigenen gedanklichen Zusammenhang bedeutet.

Ein **Plagiat** ist nicht nur ein wörtliches Zitat ohne Anführungszeichen, sondern auch ein sinngemäßes indirektes Zitat, das den Anschein erweckt, es sei aus eigenen Erkenntnissen entstanden. Gehen Sie davon aus, dass Plagiate nicht zufällig passieren. Daran ändert sich auch nichts, wenn mit **Paraphrasen** gearbeitet wird, also Wörter durch Synonyme ausgetauscht oder Satzstellungen bzw. Reihenfolgen von Sätzen verändert werden.

Die häufigsten Formen des Plagiats in wissenschaftlichen Arbeiten sind (nach der Definition der Alpen-Adria-Universität Klagenfurt):

1. Die wörtliche Übernahme einer oder mehrerer Textpassagen ohne entsprechende Quellenangabe (Textplagiat).
2. Die Wiedergabe bzw. Paraphrasierung eines Gedankengangs, wobei Wörter und der Satzbau des Originals so verändert werden, dass der Ursprung des Gedankens verwischt wird (Ideenplagiat).
3. Die Übersetzung von Ideen und Textpassagen aus einem fremdsprachigen Werk, wiederum ohne Quellenangabe.
4. Die Übernahme von Metaphern, Idiomen oder eleganten sprachlichen Schöpfungen ohne Quellenangabe.
5. Die Verwendung von Zitaten, die man in einem Werk der Sekundärliteratur angetroffen hat, zur Stützung eines eigenen Arguments, wobei

zwar die Zitate selbst dokumentiert werden, nicht aber die verwendete Sekundärliteratur (Zitatsplagiat).

Zur Plagiatskontrolle gibt es entsprechende Programme im Internet, die Textstellen screenen und mit Dokumenten im Netz vergleichen. Einen Überblick über Plagiatssoftware bietet die Hochschule für Technik und Wirtschaft in Berlin unter URL: http://plagiat.htw-berlin.de/software.

Fazit:
Abschreiben ist erlaubt ...
... jedoch muss genau und redlich zitiert werden!

Wir fügen aber sofort hinzu, dass es **genauso wenig wissenschaftlich ist, ganze Abschnitte oder gar Kapitel abzuschreiben, auch wenn die Quelle angegeben wird** (welchen Sinn soll das auch haben?). Arbeiten, die eine solche Vorgangsweise beinhalten, werden generell auch nicht approbiert.

Wissenschaftlich ist es also, nur einzelne Passagen direkt oder sinngemäß zu zitieren, die Quelle anzugeben und das Werk im Literaturverzeichnis einzufügen.

Unter- und Überzitieren

Ebenso wie das fehlende Ausschöpfen von Literatur (Unterzitieren) ist das Überfrachten mit – vielleicht sogar unnötigen – Zitaten (Überzitieren) eine inadäquate Zitierweise.[67] Zitate sollen das Wesentliche auf den Punkt bringen, aber **nicht** dazu dienen, der Arbeit die nötige Seitenzahl zu verschaffen. Zu jedem Thema einer wissenschaftlichen Arbeit existieren so genannte **Muss-Bücher**, die Sie zur Abbildung einer Theorie zitieren müssen. In der Regel sind dies umfangreiche Zusammenfassungen mit meistens geringem Neuigkeitswert.

Was nicht zitiert wird

Tatsachen, das sind generelles und fachliches Allgemeinwissen, werden nicht zitiert. Tatsachen sind auch relativ zum „**State of the Art**“. Stellen Sie also sicher, dass Sie nicht Behauptungen mit Zitaten unterstützen, die nach dem „State of the Art“ Allgemeinplätze sind.

So ist es u.U. sinnvoll, in einer Fußnote einer Arbeit über CD-ROM-Laufwerke an einer technischen Hochschule darauf hinzuweisen, dass der Begriff CD-ROM im Bereich der Neuen Medien erstmals von N.N. im Kontext der Massenkommunikation verwendet wurde.

---

67 Vgl. Bänsch (1998:7f).

Wenig Sinn ergibt es hingegen, in einer Arbeit in einem sozialwissenschaftlichen Fachbereich über den Einsatz Neuer Medien auf Bibliotheken den Begriff CD-ROM in einer Fußnote darzustellen, die den ersten Autor dieses Begriffes nennt.

Kontrolle der Zitate

Jedes Zitat muss daraufhin überprüft werden, ob es – aus dem Zusammenhang gerissen – noch den vom Autor ursprünglich intendierten Sinn behält.

☞ **Achten Sie** vor allem darauf, dass Sie dem Autor keine Gedanken unterstellen, die nicht einwandfrei aus dem Zitat hervorgehen.

In den nun folgenden Beispielen verwenden wir mehrere gängige Formen von Quellenangaben und -verweisen. „Korrekt" sind alle diese Formen, Sie werden sich aber für eine Form zu entscheiden haben und diese durchgängig verwenden bzw. wird gegebenenfalls ohnehin seitens Ihres Instituts/Betreuers eine spezifische Form vorgeschrieben.

4.1.1 Wörtliche (direkte) Zitate von Textpassagen

Bei einem direkten Zitat werden die Ausführungen des Autors direkt (d. h. wortwörtlich) übernommen. Wörtliche Zitate sind nur dann gerechtfertigt, wenn bewusst das wörtliche Zitat aufgrund seiner Aussagekraft gewählt wird, weil sonst zwangsläufig Sinnverluste eintreten würden[68] oder weil der Gedanke besonders prägnant bzw. originell formuliert wurde.[69]

Hinweise für die Darstellung wörtlicher Zitate:

- Wörtliche Zitate beginnen und enden mit einem **Anführungszeichen** („…"). Anführungszeichen im Original werden durch einfache Anführungszeichen (‚...') ersetzt.
- Zum Zwecke der Abhebung soll eine **kursive Schrift** gewählt werden.
- Längere Zitate werden eingerückt. Markieren Sie das Zitat, drücken Sie die rechte Maustaste (MS Word für Windows) und wählen Sie aus dem Menü Format den Punkt Absatz. Unter Einzug Links geben Sie einen Wert zwischen 0,5 und 1 cm ein.

---

68 Vgl. Bänsch (1998:8).
69 Vgl. Lück (1998:57).

Wörtliche Zitate erfordern grundsätzlich buchstäbliche Genauigkeit. Auch wenn Sie nur ein Wort ändern (etwa ein Verb), handelt es sich um kein wörtliches Zitat mehr.

Wörtliche Zitate sollten in jedem Fall kurz sein, im Allgemeinen nicht länger als zwei bis vier Sätze. Ein zu langes Zitat hat (außer bei der Interpretation von Quellen) wenig Sinn. Erscheinen längere Zitate unvermeidlich, sind sie nach Möglichkeit engzeilig zu schreiben.

Beispiel

... so führt Karmasin im Schlusswort seines Buches über Medienökonomie an:

> „*Die Institutionalisierung von Verantwortung in Medienunternehmungen hat aber nicht nur wesentliche Bezüge zur Professionalisierung des Journalismus, sondern auch zur Professionalisierung des Medienmanagements. Die zentrale Aufgabe des Managements ist es, konfligierende Interessen und Ansprüche divergenter Anspruchsgruppen im Sinne einer Förderung des bonum commune auf den Punkt zu bringen.*“[2]

Das Management von Medienunternehmen soll also ...

[2] Karmasin (1998:418).

Auslassungen innerhalb des wörtlichen Zitats

Jede Auslassung, auch eines Einzelwortes, wird durch drei Punkte (...) angezeigt. Wird das Auslassungszeichen nicht am Beginn oder Ende des Zitates verwendet, können Sie die Punkte aus Gründen der Lesbarkeit auch in eckigen Klammern setzen [...]. Jedenfalls empfiehlt sich die Klammersetzung, wie im vorherigen Satz demonstriert, wenn nach dem Auslassungszeichen ein Punkt folgt.

Beispiel

... so führt Karmasin im Schlusswort seines Buches über Medienökonomie an:

> „*Die Institutionalisierung von Verantwortung in Medienunternehmungen hat [...] wesentliche Bezüge [...] zur Professionalisierung des Medienmanagements. Die zentrale Aufgabe des Managements ist es,*

konfligierende Interessen und Ansprüche divergenter Anspruchsgruppen im Sinne einer Förderung des bonum commune auf den Punkt zu bringen.“[2]

Das Management von Medienunternehmen soll also ...

[2] Karmasin (1998:418).

Druckfehler im Original

Druckfehler sind nicht auszubessern, sondern sollten durch ein Ausrufezeichen in eckiger Klammer [!] oder durch [sic!] (lat., = „wirklich so!“) gekennzeichnet werden.[70]

Beispiel

„Wissenschaftliches Arbeiten ist dann wiesenschaftlich [!], wenn ...“

Das gilt auch für Wörter, die nach der aktuellen deutschen Rechtschreibung anders zu schreiben wären.

Beispiel

„So gesehen, muß [!] *es wohl so sein.“*

Hervorhebungen im Original

Hervorhebungen im zitierten Text, wie *Kursiv* oder **Fettdruck** sowie Unterstreichungen sollten grundsätzlich übernommen werden, eigene Hervorhebungen in einem wörtlichen Zitat sind zu vermeiden.

Ergänzungen durch den Verfasser

Wenn Sie Ergänzungen im wörtlichen Zitat vornehmen, dann kennzeichnen Sie diese innerhalb einer eckigen Klammer [d. Verf.]. Ergänzungen sind vor allem dann angebracht, wenn das Zitat aus dem Zusammenhang gerissen wird. Da die Ergänzung nicht Teil des wörtlichen Zitates ist, wird sie auch nicht kursiv geschrieben.

Beispiel

„Damit [Reflexion institutioneller Voraussetzungen, d. Verf.] *ist auch die Notwendigkeit der Integration ...“*

70 Vgl. Preissner (1998:101).

4.1.2 Sinngemäße (indirekte) Zitate von Textpassagen

Im Falle des indirekten Zitates übernehmen Sie Gedanken von anderen Autoren in freier Übertragung. Sinngemäße Zitate sind eher die Regel. Das indirekte Zitat beginnt und endet **ohne Anführungszeichen**. Dafür müssen der Umfang und die Art einer sinngemäßen Übernahme eindeutig erkennbar sein. Um das indirekte Zitat zu kennzeichnen, wird in der Regel der Zusatz **Vgl.** verwendet (mehr dazu später in Kap. 4.2.3).

Beispiel

Gerade wenn es um die Ansprüche an die Medienunternehmen geht, so ist es eine zentrale Aufgabe des Medienmanagements, sich seiner Verantwortung zum Wohle der Gemeinschaft bewusst zu werden.[2] Politische Parteien stehen in diesem Zusammenhang ...

---

[2] Vgl. Karmasin (1998:418).

4.1.3 Kommentieren des Zitats

Man kann prinzipiell davon ausgehen, dass eine unkommentierte Zitierung einen Konsens mit dem Inhalt des Zitates andeutet. Wenn Sie eine Position nur darstellen wollen oder aber dem zitierten Autor widersprechen, dann müssen Sie explizit darauf hinweisen.

Beispiel

Der Aussage Kromphardts, die Bewertung eines Forschungsergebnisses hänge von seiner Bedeutung bei der Bewältigung der jeweiligen Probleme ab (vgl. Kromphardt, 1979:25), kann meines Erachtens in der Diskussion entgegengehalten werden, dass Forschung auch Probleme definiert, die sie nicht löst.

4.1.4 Übernahme von Abbildungen wie Grafiken, Tabellen etc.

Wie Textzitate werden auch Abbildungen direkt (genaue Übernahme) oder indirekt (abgeänderte Übernahme) zitiert. Von direkten Zitaten kann also analog nur dann gesprochen werden, wenn der Inhalt zeichengetreu übernommen wird.

Bei direkten Zitaten scannen Sie die Grafik entweder ein, kopieren diese in die fertige Arbeit oder Sie erstellen diese selbst. Beachten Sie bei der Selbsterstellung einer Grafik, dass Ihre Kopie dem Original genau gleicht.

Im Zweifelsfalle gehen Sie von einer abgeänderten Übernahme aus (siehe Kap. 4.2.4 und 4.2.5).

4.1.5 Verwenden von Fußnoten

☞ Jede Fußnote beginnt mit einem Großbuchstaben und endet mit einem Punkt.

Kurze Anmerkungen

Anmerkungen sind inhaltliche Ergänzungen, die in der Regel zum Verständnis des Textes oder zur Argumentation des Verfassers nicht zwingend erforderlich sind.

Kommentare

Kommentare zu Zitaten können anstatt innerhalb des Textes (vgl. Kap. 4.1.3) auch in einer Fußnote angeführt werden.

Ergänzungen

Zu den Ergänzungen gehören beispielhafte Aufzählungen, weitere Literaturempfehlungen, Definitionshinweise oder technische Ergänzungen.[71]

Das **Setzen der Fußnoten** wird wie folgt gehandhabt:

a) nach dem Wort, wenn sich die Fußnote auf das **Wort** bezieht,
b) am Ende eines Beisatzes nach dem Beistrich, wenn sich die Fußnote auf den **Beisatz** bezieht,
c) am Ende eines Satzes nach dem Punkt, wenn sich die Fußnote auf den **Satz** bezieht,
d) am Ende eines Absatzes nach dem Punkt des letzten Satzes, wenn sich die Fußnote auf den Absatz bezieht.

Bei **Aufzählungen** empfehlen wir, das Fußnotenzeichen **am Ende des überleitenden Satzes** zu setzen und nicht nach der letzten Aufzählung. Es kann ja durchaus sein, dass Sie in ein und derselben Aufzählung bei einzelnen Aufzählungspunkten Fußnoten zur Erklärung verwenden wollen, die sich dann nur auf den konkreten Aufzählungspunkt beziehen.

---

71 Vgl. Bänsch (1998:55) bzw. Theisen (1998:143).

Also etwa:

Zu den kritischen Erfolgsfaktoren nach Böhme zählen:[6]

- eine zielgerichtete Strategie
- ein Projektplan[7]
- die Einhaltung der zeitlichen Meilensteine[8]

---

[6] Vgl. Böhme (2008:45f).
[7] Zur Erstellung eines Projektplanes vgl. dazu ergänzend Rauch (1998:212).
[8] Erstmals von Knauer (1967:34ff) im Rahmen kritischer Erfolgsfaktoren erwähnt.

Bei **Abbildungen** ist es sowohl möglich, das Fußnotenzeichen am Ende des überleitenden Satzes bzw. am Ende der Beschriftung der Abbildung/Tabelle/ Grafik zu setzen.

Querverweise auf den eigenen Text

Verweise innerhalb der eigenen Arbeit werden mit **siehe oben** oder **siehe unten** bzw. der Angabe der Seitenzahl, **siehe S. 34** oder etwa **siehe dazu Kap. 3.2.1**, formuliert. Im Text wird der Querverweis zumeist in Klammer **(siehe Kap. 3)** gesetzt oder in einer Fußnote angeführt:[45]

---

[45] Siehe dazu Kap. 3.

> Vergessen Sie nicht, alle Querverweise vor Abgabe der Endfassung noch einmal zu prüfen. ☞

4.2 Quellenangabe und Quellenverweis

Für alle Quellenangaben und -verweise gilt:

> **Das Zitat muss unmissverständlich und eindeutig seiner Quelle zuordenbar sein!** ☞

4.2.1 Belegarten für Quellenangabe oder Quellenverweis

Quellenangabe/Vollbeleg

Bei der **Quellenangabe** wird in einer Fußnote zum gerade verwendeten Zitat die vollständige Quellenbezeichnung, der so genannte **Vollbeleg**, angegeben. Den Vollbeleg verwenden wir nur in bestimmten Fällen wie z. B. bei Literaturempfehlungen oder bei Grauer Literatur.[72] Besonders häufig ist diese Vorgangsweise also bei:

• Internetadressen	http://www.kommerz.at/de/index.html [12.09.2013].
• Artikel aus Zeitungen[73]	Vgl. o.V.: USA vor Rückzug aus Baghdad, in: Kurier vom 04.12.2007, S. 3.
• Radio-/Fernsehbeiträgen	Bundeskanzlerin Angela Merkel im „Heute Journal" vom 18.07.2009.

Bei Verwendung des Vollbeleges bedienen Sie sich am besten der Fußnote. Es ist zwar grundsätzlich möglich, die Quellenangabe auch in Klammer hinter dem Zitat anzuführen, dies stört unseres Erachtens aber den Lesefluss. Eine Ausnahme besteht dann, wenn Sie die Quelle ohne Klammer geschickt in den Text mit einbauen (siehe Beispiel in Kap. 4.5.4).

Der Vollbeleg wird also immer dann verwendet, wenn das Anführen der Quelle im Literaturverzeichnis unpassend ist. Wenn Sie oder Ihr Betreuer es wünschen, können Sie auch diese Quellen im Literaturverzeichnis, aber dann am besten **in eigenen Rubriken** (Quellen ohne Verfasser, Internetquellen, Zeitungen, Radio- und Fernsehbeiträge etc.) angeben.

Quellenverweis/Kurzbeleg

Der **Quellenverweis** gibt nicht die vollständige Quellenbezeichnung an, sondern enthält in der Fußnote oder im Text gerade die Information, die notwendig ist, um zur vollständigen Quellenbezeichnung im Literaturverzeichnis mittels **Kurzbeleg** zu verweisen.

Grundsätzlich ist zu entscheiden, ob der Kurzbeleg im Text (angloamerikanische Zitierweise bzw. Harvard-Methode) oder über eine Fußnote (deutsche Zitierweise) angeführt wird.

Der Kurzbeleg ist vor allem aus Platzgründen und aus Gründen der Übersichtlichkeit die Regel in wissenschaftlichen Arbeiten. Für Zitate aus Büchern, Sammelbänden, Fachjournalen etc. wird dann ausnahmslos der zum **Literaturverzeichnis** verweisende Kurzbeleg verwendet. Die Werke sind dann im Literaturverzeichnis im **Vollbeleg** angeführt.

72 Siehe Kap. 3.2.6.
73 Nicht gemeint sind einschlägige Fachjournale oder Sonderbeilagen zu qualitativ guten Zeitungen (siehe Kap. 4.3.4 und 4.5.7).

Für graue Quellen oder Internetseiten wird darüber hinaus unmittelbar der Vollbeleg in der Fußnote verwendet.

- Der Kurzbeleg oder Quellenverweis erfolgt also grundsätzlich in Verbindung mit dem Literaturverzeichnis. **Die verweisende Kennziffer ist das Veröffentlichungsjahr**.[74]
- Die **genaue Seitenangabe** im Kurzbeleg führt direkt zu der relevanten Passage in der Quelle.

Formale Möglichkeiten der Angabe des Quellenverweises (Beispiele siehe unten): bei wörtlichen Zitaten ohne **Vgl.**, bei sinngemäßen Zitaten mit **Vgl.**

(Vgl.) Nachname, Jahreszahl, Seitenangabe. oder
(Vgl.) Nachname (Jahreszahl), Seitenangabe. oder
(Vgl.) Nachname (Jahreszahl:Seitenangabe).

Entscheiden Sie sich für eine der angeführten Formen des Quellenverweises und behalten Sie diese während Ihrer gesamten Arbeit bei. Wir verwenden bei den angeführten Beispielen verschiedene Formen aus rein didaktischen Gründen.

4.2.2 Wörtliche (direkte) Zitate von Textpassagen belegen

Wir verwenden, wie oben erwähnt, in diesen Fällen stets den Kurzbeleg, also nur Autor, Jahreszahl und Seitenangabe.

Quellenverweis in der Fußnote

Beispiel

Jedes Zitat muss überprüfbar und einwandfrei nachvollziehbar sein. Eco hat dazu treffend formuliert: „*Zitieren ist wie in einem Prozess etwas unter Beweis stellen.*“[5] Demnach ist einwandfreies Zitieren Ausdruck wissenschaftlicher Sorgfalt ...

---

5 Eco, 2010, S. 204. oder
5 Eco (2010), S. 204. oder
5 Eco (2010:204).

---

74 Wir empfehlen zwecks Übersichtlichkeit generell die Verwendung des Veröffentlichungsjahres. In Ausnahmefällen empfiehlt sich jedoch die zusätzliche Angabe des Titels (Kurztitels), siehe Kap. 4.5.6 und 4.5.7.

Ist das zitierte Werk von mehreren Autoren, dann: Nachname/Nachname/..., Jahreszahl, Seitenangabe.

Beispiel

Freeman und Evan geben zu bedenken: „*The Crux of our argument ist that we must reconceptualize the firm around the following question: For whose benefit and at whose expense should the firm be managed?*“[9] Konkret bedeutet das ...

---

9 Freeman/Evan, 1993, S. 255. oder

9 Freeman/Evan (1993), S. 255. oder

9 Freeman/Evan (1993:255).

Längere **wörtliche** Zitate werden zur besseren Abhebung eingerückt:

Beispiel

... so führt Karmasin im Schlusswort seines Buches über Medienökonomie an:

> *„Die Institutionalisierung von Verantwortung in Medienunternehmungen hat aber nicht nur wesentliche Bezüge zur Professionalisierung des Journalismus, sondern auch zur Professionalisierung des Medienmanagements. Die zentrale Aufgabe des Managements ist es, konfligierende Interessen und Ansprüche divergenter Anspruchsgruppen im Sinne einer Förderung des bonum commune auf den Punkt zu bringen.“*[2]

Das Management von Medienunternehmen soll also ...

---

2 Karmasin, 1998, S. 418.

Quellenverweis im Text

Der Verweis wird statt des Fußnotenzeichens hinter dem Zitat angeführt.

Beispiel

Jedes Zitat muss überprüfbar und einwandfrei nachvollziehbar sein. Eco hat dazu treffend formuliert: „*Zitieren ist wie in einem Prozess etwas unter Beweis stellen.*“ (Eco, 2010, S. 204). Demnach ist einwandfreies Zitieren Ausdruck wissenschaftlicher Sorgfalt ...

Sofern Sie **ohnedies den Autor/die Autoren explizit in Ihrem Text erwähnen**, können Sie für einen ungestörten Lesefluss die Quelle direkt hinter dem Namen anführen.

Beispiel

Jedes Zitat muss überprüfbar und einwandfrei nachvollziehbar sein. Eco (2010:204) hat dazu treffend formuliert: „*Zitieren ist wie in einem Prozess etwas unter Beweis stellen.*" Demnach ist einwandfreies Zitieren Ausdruck wissenschaftlicher Sorgfalt ...

Handelt es sich um ein längeres Zitat, dann mit Einrückung.

Beispiel

... so führt Karmasin (1998:418) im Schlusswort seines Buches über Medienökonomie an:

> *„Die Institutionalisierung von Verantwortung in Medienunternehmungen hat aber nicht nur wesentliche Bezüge zur Professionalisierung des Journalismus, sondern auch zur Professionalisierung des Medienmanagements. Die zentrale Aufgabe des Managements ist es, konfligierende Interessen und Ansprüche divergenter Anspruchsgruppen im Sinne einer Förderung des bonum commune auf den Punkt zu bringen."*

Das Management von Medienunternehmen soll also ...

4.2.3 Sinngemäße (indirekte) Zitate von Textpassagen belegen

Sinngemäße Zitate werden **nicht eingerückt**.

Quellenverweis in der Fußnote

Der Quellenverweis in der Fußnote beginnt bei einem indirekten Zitat immer mit **Vgl.**

Beispiel

Jedes Zitat muss überprüfbar und einwandfrei nachvollziehbar sein. Dieses Vorgehen kann mit der Beweisführung in einem Prozess verglichen werden.[13] Einwandfreies Zitieren ist auch Ausdruck wissenschaftlicher Sorgfalt ...

[13] Vgl. Eco, 2010, S. 204. oder

[13] Vgl. Eco (2010), S. 204. oder

[13] Vgl. Eco (2010:204).

Beispiel

... gerade wenn es um die Ansprüche an die Medienunternehmen geht, so ist es eine zentrale Aufgabe des Medienmanagements, sich seiner Verantwortung zum Wohle der Gemeinschaft bewusst zu werden.[2] Politische Parteien stehen in diesem Zusammenhang ...

---

[2] Vgl. Karmasin, 1998, S. 418.

Quellenverweis im Text

Der Verweis wird in Klammern () hinter dem Zitat angeführt, gefolgt von einem Punkt.

Beispiel

Jedes Zitat muss überprüfbar und einwandfrei nachvollziehbar sein. Dieses Vorgehen kann mit der Beweisführung in einem Prozess verglichen werden (vgl. Eco, 2010, S. 204). Einwandfreies Zitieren ist auch Ausdruck wissenschaftlicher Sorgfalt ...

Sofern Sie **ohnedies den Autor/die Autoren explizit in Ihrem Text erwähnen**, nennen Sie die Quelle direkt hinter dem Namen. Das Kürzel **(vgl.)** kann in diesem Fall zum Wohle des Leseflusses **entfallen**.

Beispiel

Jedes Zitat muss überprüfbar und einwandfrei nachvollziehbar sein. Eco (2010:204) hat ein solches Vorgehen mit der Beweisführung in einem Prozess verglichen. Einwandfreies Zitieren ist auch Ausdruck wissenschaftlicher Sorgfalt ...

Es ist hier für den Leser unmissverständlich, dass es sich beim Passus „... hat ein solches Vorgehen mit der Beweisführung in einem Prozess verglichen." um ein sinngemäßes Zitat handelt. Ein weiteres Beispiel dazu:

Beispiel

... gerade wenn es um die Ansprüche an die Medienunternehmen geht, so sieht es Karmasin (1998:418) als eine zentrale Aufgabe des Medienmanagements, sich seiner Verantwortung zum Wohle der Gemeinschaft bewusst zu werden. Politische Parteien stehen in diesem Zusammenhang ...

4.2.4 Genaue Übernahme von Abbildungen

Bei direkter Übernahme kann die Abbildung gescannt, in die fertige Arbeit kopiert oder selbst (z. B. in MS Powerpoint o.Ä.) erstellt werden.

> Die einheitliche Zitierweise gilt in diesem Fall (wie bei den Textpassagen) nur für den Teil: Nachname, Jahreszahl, Seitenangabe (siehe Kap. 4.2.2).

Die Zusätze Abbildung/Abbildung (entnommen aus):/Quelle:/etc. können hingegen je nach Anforderung und innerhalb der Arbeit alternativ verwendet werden (siehe Beispiel auf der nächsten Seite).

Quellenverweis in der Fußnote

- Abbildung (entnommen aus): Nachname, Jahreszahl, Seitenangabe. oder
- Quelle: Nachname, Jahreszahl, Seitenangabe. oder bloß
- Nachname, Jahreszahl, Seitenangabe.

Das **Fußnotenzeichen** bei Abbildungen steht:

- am Ende des letzten Satzes vor der Abbildung, sofern dieser Satz auf die Abbildung hinweist, oder
- am Ende der Beschriftung (**Abbildung 14: Stakeholder View[221]**).

Beispiel

… erfasst die Stakeholder Auffassung des Unternehmens alle (relevanten) Umweltbeziehungen. Die folgende Abbildung stellt diese Auffassung dar:[221]

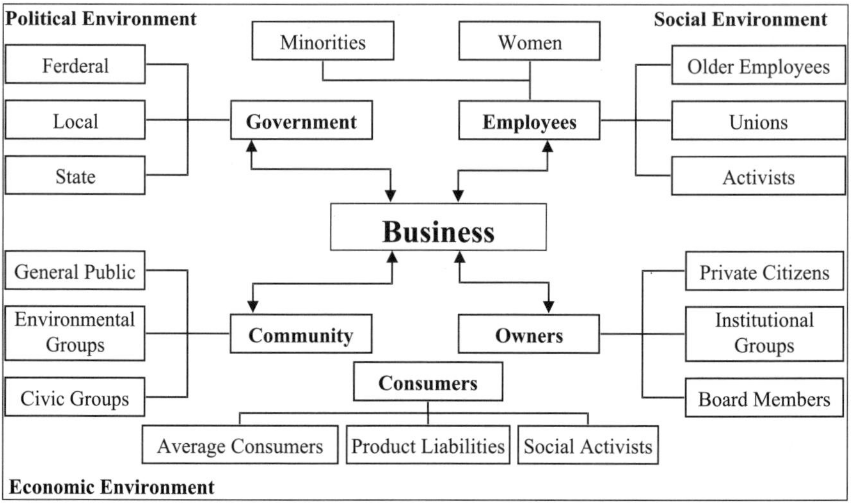

Abbildung 14: Stakeholder View

221 Abbildung entnommen aus: Carroll (1996:76). oder
221 Abbildung: Carroll (1996:76). oder
221 Quelle: Carroll (1996:76). oder
221 Carroll (1996:76).

Quellenverweis im Text

Beispiel

Wie nachfolgende Grafik aus Carroll (1996:76) zeigt, erfasst die Stakeholder Auffassung des Unternehmens alle (relevanten) Umweltbeziehungen ...

4.2.5 Abgeänderte Übernahme von Abbildungen

- **Vgl.** Abbildung (aus): Nachname, Jahreszahl, Seitenangabe. oder
- Quelle: modifiziert übernommen aus: Nachname, Jahreszahl, Seitenangabe.

Für die einheitliche Zitierweise gilt dasselbe wie unter Kap. 4.2.4.

Beispiel

---

[221] Vgl. Abbildung aus: Carroll (1996:76). oder

[221] Quelle: modifiziert übernommen aus: Carroll (1996:76). oder

[221] Vgl. Carroll (1996:76).

4.2.6 Angabe des Erstellers einer Abbildung

Wenn eine Kopie der Grafik nicht von Ihnen, sondern von jemand anderem erstellt wurde (egal ob direkt oder abgeändert), geben Sie dessen Namen an, und zwar entweder in der Grafik selbst (Grafik erstellt von Veronika Mayer) oder in der Fußnote.

Beispiel

---

[221] Abbildung aus: Carroll (1996:76), Grafik erstellt von Veronika Mayer. oder

[221] Quelle: modifiziert übernommen aus Carroll (1996:76), Grafik: Veronika Mayer.

> Achten Sie immer darauf, dass der Leser den **Ersteller** (Mayer) nicht mit dem **Urheber** (Carroll) verwechseln kann. Unformen wie ein Copyrightzeichen © beim Ersteller oder andere Irritationen sind **strikt zu vermeiden**!

4.2.7 Aufsätze in Sammelbänden

Ein Sammelband enthält die Aufsätze mehrerer Autoren zu einem Themenbereich. Man erkennt Sammelbände daran, dass am Buchcover nicht alle Autoren, sondern ein/mehrere Herausgeber (Hrsg.) angeführt sind. Wird aus einem Aufsatz eines Sammelbandes zitiert, führen wir im Quellenverweis immer **den Autor/die Autoren des Aufsatzes an** und **nicht etwa** den/die Herausgeber des Sammelbandes. Die **Verweise** werden dabei genauso gehandhabt wie bei Monographien. Zur genauen Anführung des Werkes im **Literaturverzeichnis** kommen wir in Kap. 4.3.

4.2.8 Aufsätze in Fachjournalen und Zeitschriften

Zitieren Sie aus Aufsätzen in Fachjournalen und Zeitschriften, verweisen Sie ebenfalls auf den Autor/die Autoren des jeweiligen Aufsatzes. Zur genauen Anführung des Werkes im Literaturverzeichnis siehe Kap. 4.3.

4.3 Literaturverzeichnis

4.3.1 Inhalt und Anordnung

Generell sind nur Werke anzugeben, die auch im Text zitiert werden.[75] Versuchen Sie nicht, das Literaturverzeichnis dadurch kompetenter wirken zu lassen, indem Sie Werke anführen, die Sie gar nicht gelesen haben. Des Öfteren tauchen dort nämlich Publikationen auf, die mit dem Thema nichts zu tun haben und die offensichtlich aus der Literaturliste eines anderen Autors übernommen, im Text aber nicht zitiert wurden.

Das Literaturverzeichnis enthält prinzipiell alle verwendeten **Publikationen**, also Monographien, Bücher, Sammelbände, einschlägige Fachzeitschriften, Lexika, Handbücher, Diplomarbeiten, Dissertationen, Habilitationen sowie publizierte Konferenzberichte, Papers von Institutionen (z. B. EU), Festschriften etc. Quellen, die Sie bereits mit Vollbeleg zitiert haben,[76] werden im Literaturverzeichnis nicht nochmals angeführt. Wenn Sie oder Ihr Betreuer es aber wünschen, können Sie diese Quellen natürlich im Literaturverzeichnis, aber dann am besten **in eigenen Rubriken** (Quellen ohne Verfasser, Internetquellen, Zeitungen, Radio- und Fernsehbeiträge etc.) angeben.

Autoren werden mit vollem Namen in der Literaturliste angeführt. Anzugeben ist weiters der vollständige Titel (steht auf der Seite 3 im Inneren des Buches), nicht der aus Werbegründen manchmal veränderte Einbandtitel.

Anordnung

- Sämtliche Veröffentlichungen werden in alphabetischer Reihenfolge nach dem Familiennamen des Autors geordnet bzw. bei mehreren Autoren nach dem ersten Autor.[77]
- Quellen ohne Verfasser (etwa Berichtsbände, Zeitungsartikel etc.) werden (am besten in einer eigenen Rubrik, s.o.) nach dem Anfangsbuchstaben des ersten Titelwortes gereiht.

---

75 Dies gilt natürlich nicht, wenn der Gegenstand der Arbeit in der Literatursuche selbst besteht; wenn also das Thema z. B. lautet: „Medienökonomie seit 1980 – eine Auswahlbibliographie“.

76 Siehe Kap. 4.2.1.

77 Das Verzeichnis kann zur besseren Übersicht statt im Blocksatz auch linksbündig angelegt werden.

- Im Falle einer bibliographischen Arbeit kann eine chronologische Darstellung von Quellen (Sortierung nach Jahreszahl) gewählt werden; etwa um zu zeigen, wie sich z. B. der Begriff „Medienökonomie" in den Auffassungen der untersuchten Autoren entwickelt hat.

4.3.2 Monographien, (Lehr-)Bücher

Ein Autor

Name, Vorname: Titel/Untertitel, (Auflage), Ort, Jahr$^{(\text{Auflage})}$.

Beispiel

Habermas, Jürgen: Theorie des kommunikativen Handelns, Frankfurt a.M., 1981.

Die Angabe des Verlages ist bei deutschen Veröffentlichungen nicht üblich, kann aber z. B. bei Verwechslungsgefahr zwischen Ort und Jahr eingefügt werden.

Habermas, Jürgen: Theorie des kommunikativen Handelns, Frankfurt a.M., Suhrkamp, 1981.

Mehrere Autoren

Sie können bis zu drei Autoren mit Namen und Vornamen angeben. Die Autorennamen werden mittels Schrägstrich (/) voneinander getrennt:

Beispiel

Rückriem, Georg/Stary, Joachim/Franck, Norbert: Die Technik des wissenschaftlichen Arbeitens, Paderborn/München/Wien/Zürich, 1992^{2}.

oder nur der erste Verfasser wird mit dem Zusatz u. a. genannt:

Rückriem, Georg u. a.: Die Technik des wissenschaftlichen Arbeitens, Paderborn/München/Wien/Zürich, 1992^{2}.

Titel und Untertitel

Titel und Untertitel werden mittels Schrägstrich (/) oder durch einen Punkt (.) getrennt:

Beispiel

Karmasin, Matthias: Medienökonomie als Theorie (massen-)medialer Kommunikation. Kommunikationsökonomie und Stakeholder Theorie, Graz/Wien, 1998.

Mehrere Verlagsorte

Sie können bis zu vier Verlagsorte angeben. Die Orte werden ebenfalls mittels Schrägstrich (/) getrennt:

Beispiel

Rückriem, Georg/Stary, Joachim/Franck, Norbert: Die Technik des wissenschaftlichen Arbeitens, Paderborn/München/Wien/Zürich, 1992^2.

oder nur der erste Verlagsort mit dem Zusatz u. a.:

Rückriem, Georg/Stary, Joachim/Franck, Norbert: Die Technik des wissenschaftlichen Arbeitens, Paderborn u. a., 1992^2.

Angabe der Auflage

Geben Sie (außer bei der Erstauflage) die verwendete Auflage an, und zwar entweder durch die Angabe der Auflage mittels einer hochgestellten Zahl:

Beispiel

Rückriem, Georg/Stary, Joachim/Franck, Norbert: Die Technik des wissenschaftlichen Arbeitens, Paderborn u. a., 1992^2.

oder durch Nennung der Auflage nach dem Titel:

Rückriem, Georg/Stary, Joachim/Franck, Norbert: Die Technik des wissenschaftlichen Arbeitens, 2. Aufl., Paderborn u. a., 1992.

4.3.3 Aufsätze in Sammelbänden

Bei Aufsätzen aus Sammelbänden werden **sowohl der Aufsatz**, aus dem Sie zitieren, **als auch der Sammelband** selbst angeführt.

Aufsatz

Name, Vorname des Artikelautors (der Autoren): Titel/Untertitel des Aufsatzes, in: Name, Vorname des Herausgebers (der Herausgeber) (Hrsg.): Titel/Untertitel, Ort, Jahr, erste und letzte Seitenzahl des Artikels.

Beispiel

Langenbucher, Wolfgang R.: Kommunikationspolitik/Wer braucht sie, wer macht sie?, in: Gottschlich, Maximilian (Hrsg.): Politik und Massenkommunikation/Ansichten zu einem komplexen Verhältnis, Wien/Köln/Graz, 1986, S. 91–111.

Der Sammelband wird nochmals unter dem Namen des Herausgebers angeführt.

Sammelband

Name, Vorname des Herausgebers (der Herausgeber) (Hrsg.): Titel/Untertitel, Ort, Jahr.

Beispiel

Gottschlich, Maximilian (Hrsg.): Politik und Massenkommunikation/Ansichten zu einem komplexen Verhältnis, Wien/Köln/Graz, 1986.

Bezüglich **mehrerer Autoren, Herausgeber und Verlagsorte** gilt bei Sammelbänden selbiges, wie oben bei Büchern ausgeführt wurde.

Beispiel

Gottschlich, Maximilian (Hrsg.): Politik und Massenkommunikation/Ansichten zu einem komplexen Verhältnis, Wien u. a., 1986.

Bievert, Bernd/Held, Klaus/Wieland, Josef (Hrsg.): Sozialphilosophische Grundlagen ökonomischen Handelns, Frankfurt a.M., 1990.

Bievert, Bernd u. a. (Hrsg.): Sozialphilosophische Grundlagen ökonomischen Handelns, Frankfurt a.M., 1990.

4.3.4 Aufsätze in einschlägigen Fachjournalen und Zeitschriften

Anders als bei Sammelbänden wird die Zeitschrift **nicht** noch einmal extra angeführt.

Name, Vorname des Artikelautors (der Autoren): Titel/Untertitel des Aufsatzes, in: Titel der Zeitschrift, Jahrgang, Nummer des Heftes/Jahr, erste und letzte Seitenzahl des Aufsatzes.

Beispiel

Karmasin, Matthias: Gibt es „gute“ Produkte?/Zum Verhältnis von Produkt, Ökologie und Ethik, in: Journal für Betriebswirtschaft (JfB), 3–4/ 1992, S. 165–178.

4.4 Spezialfälle beim Zitieren

Folgende Spezialfälle beziehen sich auf die Kapitel 4.1 bis 4.3. Arbeiten Sie diese also durch, bevor Sie die nun angeführten Spezialfälle behandeln.

4.4.1 Textpassagen, die sich im Original über mehrere Seiten erstrecken

Da es bei der Darstellung von Forschungsmeinungen durchaus üblich und auch erwünscht ist, dass der Autor größere Zusammenhänge zusammenfasst, kann man in diesem Falle das **Surrogat** einer Literaturstelle selten als **Paraphrase** (= Umformulierung) oder gar als **wörtliches Zitat** darstellen. Versuchen Sie also eine sinngemäße Darstellung und verweisen Sie auf mehrere Seiten, in denen der Autor der Quelle den Gedanken entwickelt.

Erstreckt sich die Textpassage in der Quelle über mehrere Seiten, dann kennzeichnet man die Seitenzahl durch die Zusätze:

f wenn sich die Textpassage auch über die folgende Seite erstreckt,
ff wenn auch fortfolgende Seiten eingeschlossen werden.

Beispiele

---

[54] Vgl. Karmasin (2005:20f).

[69] Vgl. Karmasin (1998:54ff).

Die Angabe der ersten und letzten Seite der zitierten Passage ist bei deutschen Quellenverweisen **nicht üblich**, aber möglich:

---

[69] Vgl. Karmasin (1998:54–56).

4.4.2 Mehr als eine Veröffentlichung eines Autors innerhalb eines Jahres

Wenn der Autor mit mehr als einer Veröffentlichung innerhalb eines Jahres im Literaturverzeichnis angeführt ist, stellen wir die eindeutige Zuordnung von Quellenverweis und Literaturverzeichnis durch Zusätze wieder her:

Die Jahreszahlen werden durch Kleinbuchstaben (**a**, **b**, **c** etc.) ergänzt und bekommen im Literaturverzeichnis den Zusatz **zit.** oder **zit. als**.

Beispiel[78]

Verweis

---

[68] Vgl. Karmasin (1996b:20f).

[99] Vgl. Karmasin (1996a:54f).

Literaturverzeichnis

Karmasin, Matthias: Journalismus ohne Moral? Journalistisches Berufshandeln in Österreich (mit einem Vorwort von Wolfgang R. Langenbucher), Wien, 1996, 2. verbesserte Auflage (zit. 1996a).

Karmasin, Matthias: Qualität im Journalismus: Ein medienökonomisches und medienethisches Problem. Theoretische und empirische Ansätze, in: Medien Journal 2/1996, S. 17–27 (zit. 1996b).

Dasselbe gilt, wenn ein Autor **zwei oder mehrere Aufsätze in einem Sammelband** veröffentlicht hat und Sie aus beiden zitieren.

Beispiel[79]

Verweis

---

[12] Vgl. Altmeppen (1996a:253).

[19] Vgl. Altmeppen (1996b:20f).

Literaturverzeichnis

Altmeppen, Klaus Dieter: Märkte der Medienkommunikation, in: Altmeppen, Klaus Dieter (Hrsg.): Ökonomie der Medien und des Mediensystems. Grundlagen, Ergebnisse und Perspektiven medienökonomischer Forschung, Opladen, 1996, S. 251–273 (zit. 1996a).

Altmeppen, Klaus Dieter: Medien und Ökonomie, in: Altmeppen, Klaus Dieter (Hrsg.): Ökonomie der Medien und des Mediensystems. Grundlagen, Ergebnisse und Perspektiven medienökonomischer Forschung, Opladen, 1996, S. 9–25 (zit. 1996b).

Obiges gilt jedoch **nicht**, wenn Autor bzw. Autorenschaft zweier Aufsätze oder Werke nicht absolut identisch sind:

---

78 Beispiel nach Karmasin (1998:431).

79 Beispiel nach Karmasin (1998:419).

Beispiel[80]

Verweis

---

23 Vgl. Bentle (1994:300).

25 Vgl. Bentle/Beck (1994:38ff).

Literaturverzeichnis

Bentle Günter: Objektivitätsanspruch und Glaubwürdigkeit, in: Jarren, Ottfried (Hrsg.): Medien und Journalismus 1. Eine Einführung, Opladen, 1994, S. 296–314.

Bentle Günter/Beck Klaus: Information – Kommunikation – Massenkommunikation: Grundbegriffe und Modelle der Publizistik und Kommunikationswissenschaft, in: Jarren, Ottfried (Hrsg.): Medien und Journalismus 1. Eine Einführung, Opladen, 1994, S. 16–53.

4.4.3 Autoren mit gleichlautenden Nachnamen

Verwenden Sie zusätzlich den ersten Buchstaben des Vornamens oder (sofern auch dieser identisch ist) den ausgeschriebenen Vornamen. Wenn das immer noch nicht ausreicht, den Anfangsbuchstaben eines eventuell vorhandenen zweiten Vornamens.

4.4.4 Zitate ohne Verfasser

Artikel ohne Verfasser sind ein Beispiel für die Verwendung von Vollbelegen.[81]

Durch die Verwendung von Vollbelegen in der Fußnote kann die Eintragung im Literaturverzeichnis entfallen.

(Vgl.) o.V.: Titel/Untertitel, Quelle, Datum, Seitenangabe.

Beispiel

---

33 o.V.: USA vor Rückzug, in: Kurier vom 04.12.1998, S. 3.

---

80 Beispiel nach Karmasin (1998:421).

81 Siehe Kap. 4.2.1.

4.4.5 Wiederholte Nennung derselben Quelle

Wird eine Quelle hintereinander wiederholt genannt, kann die Angabe in verkürzter Form durch **ebenda** oder **ebd**. erfolgen.

Beispiel

---

[2] Vgl. Karmasin (1998), S.74.

[3] Vgl. ebd. (dieselbe Quelle, dieselbe Seite)

Wir empfehlen aber trotzdem, die Quelle immer ausführlich anzuführen. Sobald sich ein neuer Quellenverweis dazwischen schiebt, verweist das ebenda nicht mehr korrekt.

4.4.6 Große Zeitspanne zwischen zitierter Auflage und Erstauflage

Da die Erstauflagen vieler bekannter Standardwerke einige Jahrzehnte zurückliegen, könnte es für weniger informierte Leser irreführend sein, wenn ein Werk aus dem Jahre 1988 zitiert wird, der Inhalt des Zitats aber augenscheinlich aus einer ganz anderen Zeitepoche stammt.

Wollen Sie also Missverständnissen vorbeugen, geben Sie zuerst das Jahr der Originalausgabe an, danach folgt das Jahr der Auflage, nach der Sie zitiert haben.

Beispiel

Verweis

---

[2] Vgl. Weber (1904/1988:149ff).

Literaturverzeichnis

Weber, Max: Die „Objektivität" sozialwissenschaftlicher und sozialpolitischer Erkenntnis, in: Gesammelte Aufsätze zur Wissenschaftslehre, J.C.B. Mohr (UTB 1492), Tübingen, 1904/1988[7].

4.4.7 Fremdsprachige Zitate

Weltweit wird Englisch im wissenschaftlichen Bereich für fremdsprachige Quellen akzeptiert. Dies gilt eingeschränkt auch für Französisch.[82]

Ist das Original in Englisch und existiert keine Übersetzung, ist das Original dem Leser zumutbar. Existiert eine Übersetzung, sollten Sie dennoch, besonders bei wörtlichen Zitaten, nach Möglichkeit aus dem Original zitieren.

Ist der Text in einer anderen Fremdsprache geschrieben und gibt es dazu keine Übersetzung, können Sie entweder selbst übersetzen oder die relevanten Passagen übersetzen lassen. Der Übersetzer muss in diesem Fall angegeben werden.

Beispiel

---

[4] Das spanische Original habe ich selbst ins Deutsche übersetzt. oder etwa:

[4] Im Original: „...“ (Übersetzt von: ...).

Es besteht auch die Möglichkeit pauschaler Angaben im Vorwort, wie z. B.:

Ich danke Thomas Oberhuber für seine Übersetzungen aus dem Spanischen ins Deutsche.

Existiert eine Übersetzung für das fremdsprachige Original, so sollte man die Zitate von einem Übersetzer kontrollieren lassen (z. B. in einer Arbeit über Literaturkritik). Sollte dies aber unverhältnismäßig sein, verwenden Sie die Übersetzung (Regelfall).

Monographien mit Angabe der Übersetzung

Beispiel

Eco, Umberto: Come si fa una tesi de laurea, (deutsch von Schick, Walter: Wie man eine wissenschaftliche Abschlussarbeit schreibt), Wien, 2010[13].

4.4.8 Mehrfachbelege

Besonders zu Vergleichszwecken werden oft mehrere Belege in einer Fußnote verwendet. Die verschiedenen Belege werden mittels Strichpunkt (;) getrennt:

---

82 Da neben Englisch auch Französisch eine von der UNESCO anerkennte Wissenschaftssprache ist, müssen **kürzere wörtliche Zitate** aus englischen oder französischen Quellen in der Regel nicht übersetzt werden.

Beispiel

---

[134] Zur Einleitung vgl. Heinrich (1994:21); zu Übersichtspublikationen für den angloamerikanischen Raum vgl. etwa Alexander/Owers/Carveth (1993:4–20); Albarran (1996:127–130).

Auch Verweise auf mehrere Quellen im Text können so aussehen:

Beispiel

Neben Heinrich (1994:21) zur Einleitung sind besonders Übersichtspublikationen im angloamerikanischen Raum (Alexander 1993:4–20; Albarran 1996:127–130) in diesem Zusammenhang beachtenswert.

4.4.9 Sekundärzitate

Wie bereits weiter oben ausführlich besprochen, sind Sekundärzitate prinzipiell zu vermeiden. Wenn Sie es trotzdem verwenden, wird aus der Sekundärquelle das Original zitiert, die Angabe der Sekundärquelle folgt mit dem Zusatz **zit. nach:**

(Vgl.) Originalautor(en), Jahr, Seite (zit. nach: Autor(en) der Sekundärquelle, Jahr, Seite).

Beispiel (fiktiv)

Verweis

---

[52] Vgl. Kleinhans (1988), S. 323f (zit. nach: Frantischek, 1994, S. 22).

Literaturverzeichnis

Kleinhans, Jörg: Regeln der Organisation, Berlin/New York, 1988, zit. nach: Frantischek, Karl: Was heißt hier Organisation?, in: Bauer, Martin (Hrsg.): Organisationsentwicklung, Wien u. a., 1994, S. 20–54.

4.4.10 Zitat im Zitat

Nur wenn es sich um ein Zitat handelt, das im Original nicht mehr vorhanden ist, kann das Zitat im Zitat verwendet werden. Wörtliche Zitate, die in der Sekundärquelle mit Anführungszeichen („“) gekennzeichnet sind, werden in Ihrer Arbeit am Anfang und am Ende mit einem einfachen Anführungszeichen (‚‘) versehen, um sie als Zitate im Zitat erkenntlich zu machen.

Für Verweise und Literaturverzeichnis gelten dieselben Regeln wie unter Kap. 4.4.9.

4.4.11 Kennzeichnung einzelner übernommener Begriffe

Das einfache Anführungszeichen (,‘) dient zur Kennzeichnung einzelner übernommener „Begriffe“.

Beispiel[83]

Original

Mit dem Begriff Konflikt wurden eher Schlagworte wie „Erziehung zum Konflikt“, „Systemveränderung“, „Klassenkampf“ und gewaltsame Auseinandersetzung assoziiert.

In Ihrem Text

Krüge weist zu Recht darauf hin, dass in der Unternehmungspraxis früher *„mit dem Begriff Konflikt [...] eher Schlagworte wie ‚Erziehung zum Konflikt‘, ‚Systemveränderung‘, ‚Klassenkampf‘ und gewaltsame Auseinandersetzungen assoziiert [wurden]“*[1].

Verweis

[1] Krüge, Wilfried: Theorie unternehmensbezogener Konflikte, in: ZfB 51 (1981), S. 910.

4.5 Zitieren spezieller Quellen

4.5.1 Internet

Bei der Zitation von Online-Quellen spielt die Zeitqualität eine wesentliche Rolle. **Nur jene Quellen, die einen längeren Bestand vermuten lassen** (wie etwa e-journals vertrauenswürdiger Anbieter), können als Quelle unmittelbar unter Angabe der URL und des Zugriffsdatums zitiert werden.[84] Quellen, die flüchtiger sind (etwa Einträge in Blogs, tagesaktuelle Seiten), sind zu behandeln wie andere empirische Materialen, d. h. sie sind im Anhang der Arbeit als Ausdruck (Screenshot) zu dokumentieren.

83 Beispiel nach Theisen (1998:138f).
84 Zur Verlässlichkeit des Internets als wissenschaftliche Quelle siehe Kap. 3.2.9.

Webseiten allgemein

URL: Adresse der Seite [Tag des Zugriffes].

Beispiel

[12] URL: http://www.derstandard.at/kosovo [13.08.2008].

Der Tag Ihres Zugriffes auf die Webseite wird mit dem Zusatz [Tag.Monat. Jahr] festgehalten.

Wissenschaftliche Artikel und Dokumente aus dem Internet

Im Beleg zumindest enthalten sein müssen: Name des Verfassers, vollständiger Titel des Artikels, das Erscheinungsjahr (sofern vorhanden) in Klammern, die vollständige Internet-Adresse und der Tag des Zugriffes.

(Vgl.) Name, Vorname: Titel/Untertitel (Erscheinungsdatum), online unter **URL:** Adresse der Seite [Tag des Zugriffes].

Beispiel[85]

[6] Vgl. Gray, Matthew: Measuring the Size and Growth of the Web (11.10.1994), online unter URL: http://www.mit.edu:8001/afs/siph/user/mkgray/ht/webgrowth. html
[Stand: 03.01.1995].

Einzelne Fachbereiche und/oder Betreuer fordern, dass Internetquellen im **Literaturverzeichnis** angeführt werden. **Verweisende Kennziffer** ist dann das Datum der Erstellung bzw. der letzten Änderung. Meistens genügt jedoch ein Vollbeleg in der Fußnote.[86]

Vermeiden Sie einen Zeilenumbruch bei der Angabe von Internetseiten, dies kann zu Verwirrungen führen. Ist dies aber unvermeidbar, sollten Sie, um Verwechslungen mit Adressbestandteilen auszuschließen, die Trennung ohne Bindestrich (-) direkt nach einem mit (/) getrennten Abschnitt durchführen.

Beispiel

[6] Vgl. Gray, Matthew: Measuring the Size and Growth of the Web, Dokument erstellt am 11.10.1994, online unter URL: http://www.mit.edu:8001/afs/sipb/user/mkgray/ht/ webgrowth.html [Stand: 03.01.1995].

85 Beispiel aus Bleuel (1997:70).
86 Siehe Kap. 4.2.1.

4.5.2 Diplomarbeiten, Dissertationen und Habilitationsschriften

Beachten Sie beim Zitieren aus anderen Abschlussarbeiten unsere Hinweise zur so genannten **„Aufwärtsregel“** in Kap. 3.2.6.

Name, Vorname: Titel/Untertitel, Hochschule, (Erscheinungsort), Art der Hochschulschrift, Jahr.

Beispiel

Dillinger, Thomas: Raumplanungsrelevante Kooperationen zwischen Österreich und seinen benachbarten Reformstaaten seit der Ostöffnung im Jahre 1989, Wien, Techn. Univ., Dipl.-Arb., 1996.

Karmasin, Matthias: Das Oligopol der Wahrheit/Medienunternehmungen zwischen Ökonomie und Ethik/zum Nachweis unternehmerischer Verantwortung im Medienmarkt, Wien, Univ., Diss., 1992.

Eckhardt, Thomas: Radioimmunologische Untersuchungen zur Proteolyse der N-terminalen A[alpha]- und B[beta]-Ketten des Fibrinogens in vitro und in vivo., Gießen, Univ., Habil., 1987.

4.5.3 Konferenzberichte

Beiträge in Tagungsbänden (Conference Proceedings) können grundsätzlich wie Beiträge in Sammelbänden zitiert werden, d. h. es müssen u. a. der Herausgeber und der vollständige Titel angegeben werden. Regelmäßig erscheinende Konferenzberichte werden in Bibliothekskatalogen als Periodika (zusammen mit Zeitschriften) erfasst. Auf solche Tagungsbände kann deshalb (analog zu Fachzeitschriften) verkürzt Bezug genommen werden, wobei an die Stelle des Zeitschriftentitels Name und Ort der Konferenz treten.

Beispiel

Bullinger, Hans Jörg: Strategische Bedeutung verteilter Informationssysteme, in: Bullinger, H. J. (Hrsg.): Verteilte, offene Informationssysteme in der betrieblichen Anwendung: IAO-Forum, 25. Januar 1990 in Stuttgart, Berlin u. a., S. 11–43.

Schek, Hans Jörg/Weikum, Gerhard: Erweiterbarkeit, Kooperation, Föderation von Datenbanksystemen, in: Appelrath, H.-J. (Hrsg.): Datenbanksysteme in Büro, Technik und Wissenschaft, GI-Fachtagung, Kaiserslautern, 6.–8. März 1991, Proceedings, Berlin u. a., S. 38–71.

Schek, Hans Jörg/Weikum, Gerhard: Erweiterbarkeit, Kooperation, Föderation von Datenbanksystemen, in: Tagungsband: Datenbanksysteme in Büro, Technik und Wissenschaft, Kaiserslautern, 1991, S. 38–71.

4.5.4 Papers von Institutionen

Beispiel

Text (der Verweis kann selbstverständlich auch in einer Fußnote stehen)
Die Entschließung des Europäischen Parlaments zur Rolle der öffentlichen Fernsehdienste in einer multimedialen Gesellschaft (17.9.1996) trägt dem intensivierten Beschaffungswettbewerb Rechnung und geht davon aus, dass ...

Inhaltsverzeichnis

Europäisches Parlament: Entschließung des Europäischen Parlaments zur Rolle der öffentlichen Fernsehdienste in einer multimedialen Gesellschaft (17.9.1996), 1996.

4.5.5 Festschriften

Festschriften werden wie Sammelbände zitiert, wobei in der Regel die Festschrift **nicht** extra noch einmal angeführt wird.

Beispiel

Moltmann, Günter: Nordamerikanische „Frontier" und deutsche Auswanderung/soziale Sicherheitsventile im 19. Jahrhundert?, in: Stegmann, Dirk u. a. (Hrsg.): Industrielle Gesellschaft und politisches System/Beiträge zur politischen Sozialgeschichte, Festschrift für Fritz Fischer zum siebzigsten Geburtstag, Bonn 1978, S. 230–286.

4.5.6 Lexika, Handbücher und Enzyklopädien

Lexika, Handbücher und Enzyklopädien werden im Literaturverzeichnis ähnlich wie Monographien angeführt, zumindest jedoch mit Bezeichnung, Jahr und Ort. Im **Verweis** wird neben der Jahreszahl auch der Titel (bzw. ein Kurztitel) angegeben.

Beispiel

Verweis

---

3 Vgl. Handbuch Betriebswirtschaft, 1997.

Literaturverzeichnis

Handbuch praktische Betriebswirtschaft, 2. Aufl., Berlin, 1997.

oder

Verweis

---

45 Vgl. Statistisches Jahrbuch 1997 der Wirtschaftskammer, 1998.

Literaturverzeichnis

Statistisches Jahrbuch 1997 der Wirtschaftskammer Österreich, Wien, 1998.

4.5.7 Zeitungsartikel

Anders als bei **einschlägigen** Fachjournalen und -zeitschriften ist die Verwendung von Tages- und Wochenzeitungen als Zitierquelle stets auf **inhaltliche** Maßgabe und Relevanz zu prüfen.

Maßgabe

1. Ist der Inhalt des Artikels Grundlage Ihrer Argumentation?
2. Ist der Inhalt des Artikels Objekt Ihrer empirischen Forschung?
3. Ist der Artikel zur Illustration Ihrer bestehenden und bereits fundierten Argumentation gedacht?

Relevanz

Kann der Artikel nach Beantwortung der oben gestellten Fragen als **wissenschaftlich relevant** angesehen werden?

Trennlinien bei den oben erörterten Fragen sind freilich nicht leicht zu ziehen. Es hängt neben der wissenschaftlichen Verantwortung auch von Ihrer persönlichen Einschätzung ab, ob und in welcher Form Sie Zitate aus Zeitschriftenartikeln in Ihrer Arbeit verwenden. Als Richtlinie wollen wir Folgendes festhalten:

Wenn Sie den Inhalt des Artikels als **Grundlage Ihrer Argumentation** benützen wollen, dann prüfen Sie die Qualität des Artikels, des Autors und der Zeitung. Sie werden dabei eher aus der „Frankfurter Allgemeinen Zeitung“ oder aus dem „Standard“ zitieren und Artikel einer „bunten Tageszeitung“ gar nicht verwenden.

Ist der Artikel **Objekt Ihrer empirischen Forschung** (z. B. in einer Arbeit, die mit Medien zu tun hat), dann ist jeder Artikel relevant, der in Ihren Forschungsrahmen fällt.

Wenn Sie den Artikel nur zur **Illustration Ihrer bestehenden und bereits fundierten Argumentation** benützen wollen, so können Sie z. B. bei der Darstellung politischer Vorgänge Aussagen von Politikern aus Tageszeitungen (sofern man den Zitaten der Zeitung in der Regel Vertrauen schenken darf) zur Illustration verwenden.

Für die **formale** Zitierweise aus Zeitungen gelten folgende Richtlinien:

- Artikel in Zeitungen werden im **Vollbeleg** zitiert und somit ohne Angabe im Literaturverzeichnis.
- Themenbeilagen (Sonderbeilagen) qualitativ guter Zeitungen werden durch **Kurzbeleg** an das Literaturverzeichnis verwiesen.

Artikel in Zeitungen mittels Vollbeleg in der Fußnote

mit Verfasser

(Vgl.) Autor: Titel/Untertitel, in: Quelle, vollständiges Datum, Seitenangabe.

Beispiel

---

33 Zur Veranschaulichung vgl. Donges, Jürgen: Vernunft statt Subventionen, in: Frankfurter Allgemeine Zeitung vom 19. Oktober 1991, S. 13.

ohne Verfasser

(Vgl.) o.V.: Titel/Untertitel, Quelle, vollständiges Datum, Seitenangabe.

Beispiel

---

33 o.V.: USA vor Rückzug, in: Kurier vom 04.12.1998, S. 3.

Quelle einer Abbildung

Beispiel

Eine Abbildung[60]

---

[60] Quelle: tv-media (7/96:10).

Artikel in Themenbeilagen (Sonderbeilagen) zu einer Zeitung mittels Verweis

Beispiel[87]

Verweis

---

[65] Vgl. Mihatsch (Mobilfunk), 1994, S. 1.

Literaturverzeichnis

Mihatsch, Peter: Mobilfunk wird zum Wachstumstor, in: Beilage „Kartengesteuerte Dienstleistungen", Frankfurter Allgemeine Zeitung vom 01.03.1994, S. 1.

oder

Verweis

---

[12] Vgl. Bruck (Sonderbeilage), 1997: A16f.

Literaturverzeichnis

Bruck, Peter A.: Die Abrechnung des Marktes, in: Der Standard vom 28.2.1997, S. A16–A17.

☞ Wenn der Autor mit mehr als einer Veröffentlichung innerhalb eines Jahres im Literaturverzeichnis angeführt und eine davon ein Artikel in einer Themenbeilage ist, dann ist er von der Regelung des Kap. 4.4.2 ausgenommen.
Die eindeutige Zuordnung von Quellenverweis und Literaturverzeichnis wird also **nicht** durch Zusätze wie (**a**, **b**, **c** etc.) bzw. (**zit**. oder **zit.**

---

87 Beispiel entnommen aus Preissner (1998:94f).

als) hergestellt, **sondern** ergibt sich durch die oben dargestellten Zusätze (Mobilfunk) oder (Sonderbeilage).
Dies deshalb, weil Themenbeilagen nicht den gleichen Stellenwert einnehmen wie Bücher, Aufsätze in Sammelbänden oder einschlägige Fachjournale.

4.5.8 Verweise auf den Anhang

Beispiel

---

[78] Zur Statistik der Feldstudie über die Gewohnheiten von Internetnutzern siehe Tabelle 12 im Anhang 4, S. 167.

Die Kapitelüberschriften von Anhang und Literaturverzeichnis werden auf der ersten Ebene mit römischen Ziffern (I, II, III), die Unterkapitel des Anhangs aber wieder mit arabischen (1, 2, 3 etc.) nummeriert. Das betrifft aber nicht die Seitenzahlen, diese laufen wie zuvor numerisch weiter.

Der Verweis **Tabelle 12 im Anhang 4** führt zum Unterkapitel 4 des Anhangs und dort zur Tabelle (bzw. Abbildung) 12.

I Literaturverzeichnis
II Anhang
  1 Abkürzungsverzeichnis
  2 Szenarien der Entwicklung des Arbeitsmarktes
  3 Protokoll des Interviews mit Dr. Alfred E. Neumann
  4 Feldstudie über die Gewohnheiten von Internetnutzern
    Tabelle 12

4.5.9 Eigene empirische Studien

Interviews mit Einzelpersonen

Interview und Interviewpartner werden wie folgt angeführt:

- Akademischer Grad
- Vorname und Name
- Funktion im Betrieb (in der Organisation, in der Institution)
- Betrieb, Institution mit Anschrift (keine Privatanschrift!)
- Zeitangabe

Beispiel (fiktiv)

Interview wurde geführt mit:
Dr. rer. nat. Norbert Kremminger
Geschäftsführer der ABC GmbH
Graugasse 4, 1010 Wien
8. Juli 2014

Selbstverständlich erfolgt diese Angabe nur dann, wenn sich der (die) Befragte nach dem Interview mit der Nennung des Namens einverstanden erklärt hat. Andernfalls kann z. B. der Zusatz: „Interview wurde auf Wunsch des (der) Befragten anonymisiert." verwendet werden.

Empirische Untersuchungen mit Personengruppen

Zumindest müssen Sie Ihren Ergebnissen folgende Information beifügen:[88]

- Art der Aktion, z. B. schriftliche Befragung mittels Fragebogen oder persönliche Befragung, Tests etc.
- Angabe der Stichprobengröße
- Demografische Struktur der Stichprobe
- Dauer der Feldarbeit

4.5.10 Rechtsquellen

Das Zitieren von Rechtsquellen wie Gesetzestexten, Verordnungen, Richtlinien etc. erfolgt nicht als Fußnote, sondern sollte im Text eingebaut werden.[89]

Beispiel

Bei der Registrierung in das vom Patentamt geführte Musterregister ist gemäß §18 Abs1 Z1 MuSchG zu beachten, dass ...

☞ Vergessen Sie nicht, verwendete Abkürzungen in das Abkürzungsverzeichnis aufzunehmen. Bei juristischen Abschlussarbeiten wird meist auch im Anhang ein eigenes Verzeichnis über verwendete Rechtsquellen angeführt.

88 Sehen Sie dazu unsere Literaturhinweise in Kap. 3.1.4.

89 In wissenschaftlichen Arbeiten des juristischen Fachbereiches werden meist komplexere Rechtsquellen, Verweise und Vergleiche zitiert. Für Details sehen Sie bitte die einschlägige juristische Literatur.

Beispielhafte Zitiervorschriften des auf Recht spezialisierten ORAC Verlages:[90]

- Beim **Zitieren aus dem Bundesgesetzblatt** bitte die Jahreszahl *vor* der BGBl-Nummer, mit Schrägstrich getrennt. Beispiel: BGBl 1968/304.
- Beim **Zitieren von Entscheidungen** bitte Zwischenräume bei der Datumsangabe setzen. Beispiel: VwGH 13. 3. 1996; OGH 1. 12. 1962.
- Bei der **Wiedergabe von Original-Rechtstexten** muss der Text allerdings unbedingt auch in der Originalfassung wiedergegeben werden, mit allen Layout-Eigenheiten (und auch eventuellen Fehlern)!
- Bitte die **Abkürzungen** (im Einzelnen nach *Friedl/Loebenstein*) generell **ohne Punkte** setzen („Artikel" = Art, „Absatz" = Abs, „Zahl" = Z usw.).

90 URL: http://orac.at/autor/richtlinie2.html [21.04.2002].

5 Präsentieren und Vortragen

Beim Präsentieren und Vortragen werden immer wieder Fehler gemacht: Sowohl monotones Ablesen des Vortrages oder zu schnelles, undeutliches Sprechen wie auch der unzureichende oder überladene Einsatz visueller Hilfsmittel und Folien führen zu unnötigen Irritationen. Eine Präsentation muss den Inhalt transportieren und darf nicht davon ablenken.

Es gibt wohl keinen Beruf nach dem Studium, in dem Sie nicht in die Lage kommen, etwas zu präsentieren. In vielen Bereichen gehört das Präsentieren bereits zu **den täglichen Aufgaben**. Arbeitsergebnisse müssen professionell aufbereitet und sicher vor Gruppen, Arbeitskollegen oder dem Vorgesetzten präsentiert werden. Darüber hinaus erweitert sich das Publikum – je nach Aufgabengebiet – bei Sitzungen bei Kunden, Expertengremien, größeren Fachkongressen oder z. B. bei Drittmittel-Gebern.

In der Situation einer Präsentation stehen nicht nur Ihre Arbeitsergebnisse, sondern auch Sie im Blickpunkt der Zuhörer. Viele **Karrieren** sind entstanden, weil Vortragende bei einer Präsentation „entdeckt“ wurden! Hier sind **Kompetenzen auf 3 Ebenen** gefragt, nämlich auf der fachlichen, methodischen und sozialen Ebene – schließlich müssen Sie ja richtige Überzeugungsarbeit leisten und die Zuhörer für Ihr Thema interessieren.

Sicher, richtiges **Präsentieren muss erlernt werden**. Nutzen Sie sich bietende Möglichkeiten während des Studiums in Proseminaren, Seminaren und Übungen oder bei der Vorstellung und Diskussion eigener Forschungsergebnisse (etwa der Masterarbeit oder der Dissertation).

Nehmen Sie **Feedback** immer dankend zur Kenntnis und fühlen Sie sich nicht persönlich angegriffen.

Es gibt unzählige Literatur zum Thema „Präsentieren und Vortragen“. Wir haben auf den folgenden Seiten die u. E. wichtigsten Bausteine zusammengefasst und wünschen Ihnen viel Erfolg auf dem Weg zu einem professionellen Vortragenden.[91]

91 Besonders hilfreich bei diesen Zusammenstellungen waren die online verfügbaren Anleitungen von Werner Stangl, Heinz Gralki und Albert Thiele.

5.1 Vorbereitung

Denken Sie bereits bei der Vorbereitung an das Publikum Ihres Vortrages. Der Mensch nimmt die meisten Informationen, nämlich etwa 83 %, über die Augen auf.

Als Faustregel für die **Merkfähigkeit von Inhalten** gilt: 20 % Hören, 30 % Sehen, 50 % Hören u. Sehen. Ungefähr 50 % der Inhalte kann sich der Mensch also durch eine bildhafte Darstellung merken, aber nur etwa 20 %, wenn es sich um rein akustische Informationen handelt.

Überlegen Sie sich einen **Aufbau für Ihre Präsentation**. Es geht auch bei scheinbar trockenen und faktenorientierten Präsentationen darum, die Aufmerksamkeit des Publikums zu fesseln. Dies gelingt am besten durch eine stimmige Dramaturgie, durch eine „story", die Sie erzählen. Eine gute Präsentation ist wie eine gute Geschichte: Sie hat einen Anfang, einen Höhepunkt und ein Ende und sie ist spannend.

Neben dem gesprochenen Wort sind also alle **nonverbalen Elemente** entscheidend für den Erfolg Ihrer Präsentation. Beachten Sie daher eine möglichst passende Visualisierung der Inhalte und vergessen Sie (spätestens bei der Präsentation) nicht die Wirkung Ihrer Körpersprache.

5.1.1 Den Inhalt des Vortrages präsentationsreif machen

Wir gehen davon aus, dass Sie einen bestehenden Inhalt (z. B. Seminararbeit) präsentationsreif machen wollen. Beachten Sie dabei folgende Hinweise:[92]

- Das Wesentliche aus der zu bearbeitenden Literatur exzerpieren, ohne die gesamte Arbeit vorzutragen; unwichtige Details auslassen.
- Kritische Distanz zum Thema wahren; eigene Beurteilung des Stoffes versuchen (z. B. Eignung und mögliche Anwendungsgebiete, Vor- und Nachteile).
- Prägnante Beispiele helfen, abstrakte Sachverhalte besser zu verstehen.
- Technische Details (Definitionen, Formeln, Codes) erst nach informeller Erklärung zeigen und ausführlich erklären.

92 Vgl. Stangl, Werner: Arbeitsblätter, online unter URL: http://arbeitsblaetter.stangl-taller.at/PRAESENTATION/referatpraesentation.shtml [28.12.2006].

- Die Redezeit mindestens 25 % kürzer planen als die verfügbare Vortragszeit (wegen Fragen, Diskussion). Vortrag so vorbereiten, dass Teile bei Zeitnot weggelassen werden können.
- Stellen Sie unbedingt eine Gliederung Ihrer Präsentation an den Anfang und zeigen Sie zwischendurch den Zuhörern anhand der Gliederungsfolie immer wieder, wo Sie stehen und wie sich die einzelnen Teilthemen in das Gesamtkonzept einordnen.
- Nicht nur der Text auf den Folien ist wichtig, sondern vielmehr die von Ihnen vorgetragenen zusätzlichen Informationen und Erläuterungen.
- Den vollständigen Vortrag mit den fertigen Folien unbedingt im Voraus probeweise präsentieren (eventuell vor „eigenem“ Publikum). Die Proben helfen auch bei der Bestimmung der Vortragslänge.

Checkliste: Den Inhalt präsentationsreif machen[93]

❑ **Wegweiser**	Wegweiser bereiten den Zuhörer auf das Kommende vor, sie erleichtern ihm die Orientierung: „*Ich möchte Ihnen heute drei Fragen beantworten: Woher kommen wir? Wo sind wir heute? und Wohin gehen wir?*“ Mit Ihrer Gliederungsfolie setzen Sie diese Wegweiser und kennzeichnen damit die einzelnen Abschnitte des Vortrages.
❑ **Übergänge**	Weisen Sie auf Übergange von einem Abschnitt zum anderen explizit hin: „*Soweit meine Überlegungen zur ersten Frage, wenden wir uns nun der zweiten Frage zu. Sie erinnern sich, dabei geht es um die Frage, wo wir uns heute befinden.*”
❑ **Brücken**	Zuhörer schätzen es, in Ihrem Vortrag etwas zu finden, was sie bereits kennen. Das kann etwas sein, was Sie ihnen schon vorher berichtet haben, das kann ein Verweis auf Schulwissen oder den letzten Kurs sein.

93 Vgl. Gralki, Heinz: Wie gestaltet man einen Vortrag, online unter URL: http://staff-www.uni-marburg.de/~kersting/lehre/gralki98.htm [28.12.2006].

❑ **Highlights**	Heben Sie die Highlights Ihres Vortrages heraus: *„Dieser Punkt ist besonders wichtig!“* oder *„Diese Aussage ist von entscheidender Bedeutung!“* Sie können aber auch durch ein markantes Beispiel, eine ungewöhnliche Folie oder die Demonstration eines ungewöhnlichen Gegenstandes diese Wirkung erzielen.
❑ **Fragen**	Fragen sind ein interaktives Element: *„Überlegen Sie doch bitte einmal einen Moment: Welche Nachteile hat das E-Mail gegenüber dem Telefon?“* Machen Sie eine kurze Pause und schauen Sie dabei in die Runde. Es ist keineswegs nötig, konkrete Antworten zu sammeln! Beantworten Sie die Frage selbst, schließlich wollen sich die Zuhörer nicht testen lassen.
❑ **Beispiele**	Beispiele stellen den Bezug zur Praxis her. Sie sollten farbig und detailliert sein, damit sie einen hohen Erinnerungswert haben. Versuchen Sie keine konstruierten Beispiele, sondern verwenden Sie echte, die authentischer sind.
❑ **Vergleiche**	Vergleiche wirken für den Zuhörer erhellend, weil sie einen Perspektivenwechsel bewirken. Das Auto ist z. B. eine gern verwendete Metapher.
❑ **Personen**	Die Erfolgsstory der Firma Microsoft ist sicher spannender, wenn Sie direkt mit der Person Bill Gates verknüpft wird.
❑ **Eigene Lebensgeschichte**	Fordern Sie Ihre Zuhörer auf, sich an wichtige Stationen der eigenen Lebensgeschichte zu erinnern: *„Erinnern Sie sich doch bitte einmal an Ihren ersten Computer! Können Sie sich noch daran erinnern als Sie ...?*
❑ **Ungewöhnliches**	Alles, was aus dem Rahmen fällt, erregt Aufmerksamkeit. Sie sollten also nach ungewöhnlichen und unerwarteten Aspekten Ihres Stoffes suchen.
❑ **ZDF**	Die wichtigsten Elemente, um Kompetenz zu zeigen, sind Zahlen, Daten und Fakten. Denken Sie daran, dass gerade die erstaunlichsten Fakten am ehesten im Gedächtnis bleiben.

5.1.2 Rede-Unterlagen

Lernen Sie den Text des Vortrags niemals auswendig! Verwenden Sie auch keinen Ausdruck der vollständigen Rede (sollten Sie eine erstellt haben) für Ihren Vortrag. Üben Sie besser einige Male anhand der Folien und notieren Sie auf Ihren Handzetteln die wichtigsten Stichworte zu den Folien.[94]

5.1.3 Foliengestaltung

Wir empfehlen Microsoft Power Point (oder auch Keynote auf dem Apple Mac) für die Gestaltung der Folien. Die Programme enthalten auch Hilfen für Einsteiger. Verwenden Sie z. B. eines der vorprogrammierten Folien-Layouts, in die Sie Ihren Text nur noch einfügen müssen. Ein absolutes Muss sind Gliederungsfolien am Beginn und nach jedem Abschnitt der Präsentation.

Tipps zur Foliengestaltung

- Auf Übersichtlichkeit achten: Sparsame Darstellungen wirken klarer und sind verständlicher.
- Groß- und Kleinschreibung benutzen (Großbuchstaben nur bei kurzen Worten, Kleinbuchstaben können besser gelesen werden).
- Ein Chart sollte mindestens 90 Sekunden und längstens 3 Minuten zu sehen sein.
- Jede längere Information (3–5 Minuten) sollte visualisiert werden (Grafik, Bild etc.).
- Auf Lesbarkeit in 6–8 Metern Entfernung achten.
- Blockartig schreiben (Darstellung mit Struktur).
- Gleiche Farben und Formen suggerieren Sinnzusammenhang.
- Zu viele Farben und Grautöne vermeiden (Flimmern).
- Jede Folie braucht eine Überschrift.
- Nur „zielgruppengerechte" Abkürzungen benutzen.

5.1.4 Visualisierung

Bilder eignen sich besonders als **Assoziationsanregung**. Dennoch sollten alle verwendeten gegenständlichen bzw. abstrakten Bilder so konkret wie möglich sein, d. h. ein Bild sollte ein zentrales Motiv enthalten. Sie sollten eine gewisse Dynamik erzeugen, ohne den Betrachter abzulenken oder zu

94 Drucken Sie sich dazu die Folien im Handzettel-Format aus. Damit können Sie bei Bedarf auch schneller ein ganz spezielles Chart aufrufen.

„überfluten“. Sammeln Sie motivierende Zutaten für Ihre Präsentationen. Verwenden Sie zum Beispiel Grafiken, Tabellen, ClipArts, Cartoons und Karikaturen, digitale Fotos, Animationen und Videoclips.[95]

5.1.5 Handouts

Auch wenn alles auf der Leinwand steht, fördert eine ausführliche Tischvorlage die Überzeugungswirkung Ihrer Präsentation und hilft, Missverständnisse zu vermeiden. Übernehmen Sie die im Vortrag verwendeten Charts inhaltsgleich in die Unterlagen. Verteilen Sie Ihr Handout vor der Präsentation und geben Sie damit den Zuhörern die Möglichkeit, Notizen zu machen und Fragen zu notieren.

5.1.6 Medien

Es stehen mehrere Medien zur Verfügung. Hohe technische Qualität erzeugt auch ein hohes Vortragsniveau. Stellen Sie sicher, dass die Infrastruktur bereitsteht und funktionieren wird.
- Tafel
- Flip Chart
- Tageslichtprojektor (Overhead-Projektor)
- Diaprojektor
- Film
- Videobeamer

Legen Sie sich ein Notfallprogramm zurecht: Wenn Beamer oder PC den Geist aufgeben, sollten Sie Overheadfolien dabeihaben. Existiert kein Projektor, dann halten Sie sich an die gedruckten Handouts und verwenden Sie einen eventuell vorhandenen Flip Chart.

5.2 Die Präsentation

Die Vortragssituationen können verschieden sein (Seminarpräsentation, Vortrag bei einer Fachtagung, Arbeitsergebnisse beim Vorgesetzten). Die zur Verfügung stehenden Mittel aber sind dieselben. Erstellen Sie Ihre zur Vortragssituation passende individuelle Checkliste aus den nun folgenden Modulen.

95 Vermeiden Sie jedoch „unlustige“ ClipArts.

5.2.1 30 Minuten vor dem Start

Seien Sie pünktlich. Denken Sie nicht mehr an den Vortrag und lesen Sie nicht in Ihren Manuskripten. Das ist nur ein Zeichen von Unsicherheit. Wenn es möglich ist, dann stimmen Sie sich in Ruhe ein (z. B. durch Atemübungen, Lockerung der Kiefermuskulatur, Klopfen auf das Brustbein). Nutzen Sie dazu eine kleine Toilettenpause oder gehen Sie kurz vor den Raum, wenn das möglich sein sollte. Lenken Sie all Ihre Aufmerksamkeit auf die folgenden Punkte:

Checkliste: Kurz vor der Präsentation

❑ **Erscheinungsbild**	Achten Sie darauf, dass mit Ihrer (angemessenen!) Kleidung alles in Ordnung ist. Erscheinen Sie aktiv und signalisieren Sie, dass Sie sich freuen, etwas Interessantes mitteilen zu können. Tragen Sie ein gewinnendes Lächeln.
❑ **Vorgespräche**	Je nach Vortragssituation sind verschiedene Personen für Sie als Vortragenden relevant: Organisatoren, Gastgeber, Techniker, Moderatoren und andere Vortragende. Führen Sie Gespräche und klären Sie noch offene Fragen.
❑ **Technik prüfen**	Überprüfen Sie vor dem Vortrag nochmals alle nötigen Hilfsmittel.
❑ **Unterlagen**	Teilen Sie Ihre Handouts aus. Je nach Vortragssituation sollten die Zuhörer mit Schreibwerkzeug und Getränken versorgt sein. Entscheidungsträger (Professoren, Lektoren, Vorgesetzte) erhalten nach Möglichkeit gebundene (Farb-)Ausdrucke.

5.2.2 Beginn der Präsentation

Nehmen Sie sich Zeit für einen guten Beginn. Die folgenden Punkte können gut vorbereitet werden und helfen, Nervosität abzubauen. Während der ersten Sätze läuft so etwas wie eine Schnelltaxierung in den Köpfen der Zuhörer ab: Habe ich von ihr/ihm etwas Interessantes zu erwarten? Wirkt sie/er sympathisch und kompetent? Der erste Eindruck sollte daher möglichst positiv ausfallen, denn das macht später vieles leichter.

Checkliste: Beginn der Präsentation

❑ **Begrüßung**	Machen Sie keine Experimente. Am sichersten ist es, wenn Sie Ihre Zuhörer mit *„Sehr geehrte Damen und Herren!"* oder *„Sehr geehrte Kolleginnen und Kollegen!"* anreden. Wenn Sie Persönlichkeiten unter Ihren Zuhörern hervorheben wollen, könnte die Anrede etwa: *„Frau Präsident, Herr Vorsitzender, ... meine Damen und Herren!"* lauten.
❑ **Wohlwollen**	Dem Publikum dezent zu schmeicheln ist ein wirksames Mittel, um Wohlwollen zu gewinnen. Lassen Sie Ihre Zuhörer wissen, wie sehr Sie sich freuen, hier zu sein. Übertreiben Sie aber nicht!
❑ **Vorstellung**	Stellen Sie sich, die Arbeitsgruppe, Ihre Organisation kurz und prägnant vor. Eine Folie mit Namen (Arbeitsgruppe, Organisation) sollte diese Vorstellung unterstützen.
❑ **Thema und Grund der Präsentation**	Machen Sie Thema und Grund der Präsentation fest. Dies ist ja auch der eigentliche Anlass, warum die Darbietung stattfindet.
❑ **Verlauf und Organisatorisches**	Ihre Zuhörer wollen wissen, was sie erwartet. Geben Sie eine kurze und prägnante Übersicht über das, was Sie vorhaben (Dauer der Präsentation, Aufteilung in Abschnitte, welche Medien werden eingesetzt, gibt es eine Pause). Verweisen Sie auf die Handouts.[96]
❑ **Dank**	Wenn Anlass besteht, sich für die Einladung oder für technische Hilfe zu bedanken, dann tun Sie es gleich am Anfang. Manchmal ist es auch sinnvoll, sich bei den Kolleginnen und Kollegen des eigenen Teams zu bedanken, ohne deren Ergebnisse Sie heute gar nicht hätten vortragen können. Sie können den Dank am Schluss des Vortrages noch einmal wiederholen.

96 Wir empfehlen, Handouts zu Beginn auszuteilen.

❑ **Regeln für die Zuhörer**	Die wichtigste zu klärende Regel ist sicher, ob auftretende Fragen sofort oder im Anschluss gestellt werden (bzw. beantwortet werden). Sie können das Publikum auch in die Entscheidung über die Spielregeln mit einbeziehen.

Expertentipp[97]

☞ Auch versierte Redner nutzen gerne die **Technik des verzögerten Beginns** – ein kleiner Trick mit großer Wirkung. Warten Sie ein paar Sekunden, bis Ruhe eingekehrt ist. Dann atmen Sie ganz normal ein, das sichert ihrer Stimme die erforderliche Lautstärke, und beginnen zu sprechen. Die Technik des verzögerten Beginns ist ein unterschwelliges Kompetenzsignal, das jeder Vortragende nutzen sollte.

5.2.3 Einbeziehung des Publikums

Der Teilnehmer muss und will neugierig gemacht werden; er möchte mitdenken und „mitentscheiden“ können. Sie sollten sich etwas überlegen, mit dem Sie Aufmerksamkeit erzeugen können. Das kann eine gut gemachte Folie sein, ein Poster, ein Gegenstand, vielleicht aber auch eine humorvolle Einleitung.[98]

---

97 Vgl. Thiele (in c't 11/2001:172ff).

98 Siehe nachfolgenden Expertentipp.

Checkliste: Einbeziehung des Publikums

❑ **Rahmenbedingungen**	Die Wahrnehmung des Menschen wird durch Erwartungen, Motivation und die Aufmerksamkeit genauso beeinflusst wie durch äußere Rahmenbedingungen (Sitzordnung, Lichtverhältnisse, Tageszeit). Nehmen Sie bewusst und aktiv Einfluss auf diese Faktoren, wenn und wo es Ihnen möglich ist.
❑ **Aufmerksamkeit erzeugen**	Warum ist das Thema für Sie und die Zuhörer wichtig? Ein Fachvortrag über Pflanzenschutzmittel ist dann lebenspraktisch relevant, wenn es dabei um unsere persönliche Gesundheit und Zukunft geht. Ein Thema wird auch dann interessanter, wenn Sie es als Frage formulieren oder zusätzliche Fragen aufwerfen.
❑ **Persönlicher Kontakt zum Publikum**	Erzeugen Sie Blickkontakt mit den Teilnehmern. Gewiefte Vortragende tun dies, indem sie sich in der Einstiegsphase vor den Referententisch oder den Projektor stellen. Keine Barriere trennt den Redner vom Publikum, das lässt ihn offen und sicher erscheinen. Nach der Begrüßung und den einleitenden Worten wechselt er den Standort und beginnt mit der Bildschirmpräsentation.
❑ **Sicherheit zeigen**	Erfahrene Sprecher beginnen eher langsam, in normaler Stimmlage und vermeiden in der Anfangsphase vor allem eines: Entschuldigungen mit offensichtlich fadenscheinigen Begründungen. Hüten Sie sich davor, auf Unsicherheiten oder Mängel hinzuweisen.
❑ **Konzentration auf sich selbst**	Nur geübte Redner können auf jede (gewollte oder ungewollte) Störung eingehen und mit dem Publikum „spielen". Konzentrieren Sie sich vor allem auf sich selbst und nehmen Sie z. B. einen gähnenden Zuhörer nicht persönlich!

Expertentipp[99]

☞ Ein guter **Aufhänger** hilft Ihnen und den Zuhörern beim Einstieg in den inhaltlichen Teil des Vortrages. Die am häufigsten verwendeten Aufhänger sind:

Aktueller Bezug: Gibt es aktuelle Nachrichten aus Presse und Fernsehen, die einen Bezug zu Ihrem Thema haben? Nutzen Sie den aktuellen Bezug aber nur dann, wenn Sie davon ausgehen können, dass auch Ihre Zuhörer die Nachricht zur Kenntnis genommen haben.

Historischer Bezug: Man sollte zwar nicht immer bei Adam und Eva anfangen, aber ein interessanter Rückgriff in die Geschichte ist für die meisten Zuhörer attraktiv.

Demonstration: Wenn der Vortrag von einem bestimmten Gegenstand handelt, dann lohnt es sich, diesen zu zeigen. Als Regel gilt aber: *„Zeigen ja; Herumgeben nein!"*

Witz, Anekdote: Diese Variante sollten nur geübte Redner einsetzen. Dennoch: Wenn Sie einen Witz kennen, der zum Thema passt, zeigen Sie Mut. Ein schmunzelndes Publikum löst Anspannung und öffnet die Kommunikation.

Irritation: Ein Dozent der Soziologie begann seinen Vortrag mit der Frage: *„Meine Damen und Herren, was gibt es eigentlich mehr in einer Gesellschaft: Neffen oder Cousins?"* Eine solche Frage ist verblüffend und es gibt wohl niemanden, der sofort eine Antwort geben kann, aber alle Zuhörer beschäftigen sich eine Zeit lang mit der Frage und werden so auf das Thema eingestimmt.

Spannungsbogen: Wenn Sie zu Beginn eines Vortrages versprechen, dass der Vortrag eine wichtige Frage beantwortet, können Sie damit rechnen, dass die Aufmerksamkeit erhalten bleibt.

99 Vgl. Gralki, Heinz: Wie gestaltet man einen Vortrag, online unter URL: http://staff-www.uni-marburg.de/~kersting/lehre/gralki98.htm [28.12.2006].

5.2.4 Hilfsmittel im Hauptteil

Im Hauptteil sollen Elemente enthalten sein, die den Zuhörern das Zuhören erleichtern. Sie helfen ihnen, die Struktur Ihres Vortrages zu erkennen, für die Sache Interesse zu entwickeln und das Gehörte besser zu behalten.

Checkliste: Hilfsmittel im Hauptteil

❑ **Blickkontakt**	Beim Reden öfter Blickkontakt zu den Zuhörenden herstellen.
❑ **Gliederungsfolien**	Siehe Kap. 5.1.3 Foliengestaltung.
❑ **Zuhörer führen**	Beim Vortrag den Blick der Zuhörenden durch Zeigen auf Texte und Grafiken führen. Entweder mit einem genügend spitzen Gegenstand direkt auf der Folie zeigen (bei Overhead) oder mit einem Zeigestab (Laser) an der Projektionsfläche.[100]
❑ **Hilfe beim Steckenbleiben**	Es gibt verschiedene Möglichkeiten, um Zeit zu gewinnen: Rhetorische Fragen stellen, den letzten Satz wiederholen, eine Zusammenfassung bringen, etwas fallenlassen (z. B. Kugelschreiber).
❑ **Fragen**	Auf Fragen aus dem Publikum während des Vortrags immer eingehen, nie abweisend oder unwirsch reagieren. Falls die Fragen überhand nehmen und die Zeit für unverzichtbare (!) Teile des Vortrags knapp wird, sollte man dies den Zuhörenden mitteilen und sie darum bitten, Fragen möglichst erst nach dem Vortrag zu stellen.

100 In PowerPoint ist es möglich, den Stift aufzurufen und auf der Folie zu zeichnen und zu markieren.

5.2.5 Schluss und Fragenrunde

Es ist wie im Sport: Der Endspurt kann entscheidend sein. Legen Sie deshalb auf den Schluss genauso viel Wert und Aufmerksamkeit wie auf den Beginn.

Checkliste: Schluss und Feedback

❑ **Zusammenfassung**	Lassen Sie das Gesagte noch einmal Revue passieren und bemühen Sie sich um eine kurze und prägnante Darstellung. Das fällt Ihnen leichter, wenn Sie Ihre in der Einleitung genannte Gliederung präzise eingehalten haben.[101]
❑ **Die Botschaft**	Wenn es Ihnen gelingt, eine Botschaft zu formulieren, steigern Sie dadurch den Erinnerungseffekt. Eine Botschaft bringt die Kernaussage Ihres Vortrages in einen prägnanten Satz.
❑ **Diskussion vorbereitet**	Viele Fragen sind vorhersehbar: *„Was würde ich an dieser Stelle fragen?"* Zum Schluss des Vortrages kann so mit etwas Fingerspitzengefühl auf die erhofften Fragen hingearbeitet werden.
❑ **Offene Fragen**	Noch offene Fragen klären, sofern sie im Vortrag nicht ad hoc beantwortet wurden.
❑ **Dank an Ihr Arbeitsteam**	Wenn Sie es nicht schon in der Einleitung getan haben, so sollten Sie es an dieser Stelle tun.
❑ **Dank für die Aufmerksamkeit**	Sehr viele Redner formulieren am Schluss Ihres Vortages den Dank an die Zuhörer für ihre Aufmerksamkeit. Meist dient diese Floskel allerdings als Signal, dass man am Ende angekommen ist. Es macht einen besseren und souveräneren Eindruck, wenn Sie auf diesen Dank verzichten und die Diskussion eröffnen.

5.2.6 Feedbackregeln

Es ist immer hilfreich, sich von Kollegen Feedback zu einem Vortrag oder einer Präsentation geben zu lassen. Die Herausforderung dabei ist freilich, ein Feedback so zu geben, dass der Vortragende etwas daraus lernen kann,

101 Neue Informationen sollten an dieser Stelle vermieden werden.

ohne durch die Kritik verletzt zu werden. Das ist dann möglich, wenn entsprechende Regeln vereinbart und eingehalten werden. Eine hervorragende Übersicht zum Thema Feedback liefert zum Beispiel Stangl.[102]

Regeln für das Geben von Feedback

❑ **konstruktiv**	Das Feedback soll so formuliert sein, dass es Perspektiven auf Verbesserungen in der Zukunft bietet: „Vielleicht könntest du in Zukunft mehr darauf achten, …“
❑ **beschreibend**	Das Feedback soll Verhalten beschreiben und nicht eine Charakteranalyse sein. „Du bist …“ ist also unangebracht.
❑ **konkret**	Je konkreter das Feedback, umso leichter ist es nachzuvollziehen.
❑ **subjektiv**	Man soll von seinen eigenen Beobachtungen und Eindrücken sprechen und nicht von denen anderer oder der Gruppe.
❑ **nicht nur negativ**	Die „Sandwich-Theorie“ empfiehlt, negative Kritik zwischen zwei Schichten von positiven Elementen zu betten.

Regeln für das Annehmen von Feedback

Wenn Sie öfter präsentieren, hilft es ein Archiv anzulegen. Hier können Sie alles sammeln, was Ihnen nach einer Präsentation aufgefallen ist (was kam besonders gut/schlecht an, was wollen Sie verbessern, was haben Sie gelernt, wie war das Feedback). Beim Entgegennehmen des Feedbacks befindet sich der Empfänger in einer passiven Rolle, er soll sich also keinesfalls **rechtfertigen**! Deshalb sollte man als Empfänger ...

❑ **ausreden lassen**	Man kann nicht wissen, was der andere sagen will, bevor er nicht zu Ende gesprochen hat. Allenfalls könnte man es vermuten. Deshalb gilt: ausreden lassen!

102 Vgl. Stangl, Werner: Arbeitsblätter, online unter URL: http://arbeitsblaetter.stangl-taller.at/KOMMUNIKATION/FeedbackRegeln.shtml [28.12.2006].

❑ **sich nicht rechtfertigen oder verteidigen**	Es ist wichtig, sich klar zu machen, dass der Feedbackgeber immer nur beschreibt, wie man auf denjenigen wirkt. Diese Wahrnehmung ist aber durch keine Klarstellung revidierbar. Man sollte die Meinung des anderen hinnehmen und, falls man möchte, auch daraus lernen. Es ist lediglich wichtig zu verstehen, was der andere meint, man sollte sich also nicht scheuen, Verständnisfragen zu stellen.Es kann durchaus sein, dass weitere Feedbackgeber eine andere Wirkung beschreiben.
❑ **dankbar sein**	für Feedback, auch wenn es nicht in der richtigen Form gegeben wurde. Es hilft, sich selbst und die Wirkung auf andere kennen zu lernen und dadurch sicherer und kompetenter im Auftreten zu werden.

5.3 Körpersprache

Nonverbale Signale steuern zu mehr als 50 % die Gesamtwirkung einer Person. Beim ersten Eindruck sind es sogar 90 %. Gestik und Mimik sollen positive Assoziationen beim Zuhörer auslösen. Dazu gehören offene Hände, ein freundliches Gesicht und ein ruhiger, stetiger Blick, während verschränkte Arme eher distanziert wirken. Wenden Sie dem Auditorium nicht Ihren Rücken zu.

Ganz wesentlich ist auch die Kleidung. Sie sollte dem Anlass und dem Publikum entsprechend gewählt sein. Ganz wesentlich ist aber, dass Sie sich in Ihrer Haut wohl fühlen. Tragen Sie also nur Kleidungsstücke, in denen Sie sich sicher fühlen (keine zu engen Schuhe etwa). Denken Sie daran, dass auch Kleinigkeiten (Uhr, Füllfeder) eine große symbolische Wirkung haben können.

5.3.1 Wohin mit den Händen?

Im Allgemeinen wirkt es handlungsbereiter und engagierter, seine Hände in Hüfthöhe, dem sogenannten neutralen Bereich, zu halten. Dabei kann es hilfreich sein, auch etwas in Händen zu halten, eine Karte mit Stichworten etwa oder einen Laserpointer oder auch einen Kugelschreiber. Wer ohne diese Hilfsmittel auskommen will, kann die Arme abwinkeln oder eine Hand in die andere legen. Zudem wirkt es nicht unbedingt nachteilig, ab und zu eine Hand in die Tasche zu stecken.[103]

5.3.2 Lampenfieber und Entspannungsmöglichkeiten

Jeder Vortragende hat Lampenfieber in unterschiedlichen Ausprägungen. Diese Tipps können helfen, Lampenfieber zu reduzieren.

- Gute Vorbereitung ist eine wichtige Voraussetzung für jede Rede und jeden Vortrag
- Vortragen üben (u.U. mit Videofeedback)
- Vor dem Vortrag entspannen
- Gleichmäßig und tief atmen
- Bewegung verschaffen (z. B. nach Möglichkeit auf und ab gehen, jedoch dosiert)
- Positive Wirkung einer Pause nutzen

103 Vgl. Thiele (in c't 11/2001:172ff).

Quellenverzeichnis

Bänsch, Axel: Wissenschaftliches Arbeiten. Seminar- und Diplomarbeiten, München/ Wien/Oldenburg, 1998[6].

Bleuel, Jens: Recherche in elektronischen Netzwerken, in: Engel, Stefan/ Woitzik, Andreas (Hrsg.): Die Diplomarbeit, Stuttgart, 1997, S. 64–88.

Bortz, Jürgen/Döring, Nicola: Forschungsmethoden und Evaluation für Sozialwissenschaftler, Berlin, 1995.

Browne, Neil M./Keeley, Stuart M.: Asking the right questions, Upper Saddle River, NJ, 2007[8].

c't magazin, Verlag Heise, Hannover, online unter URL: http://www.heise.de/ct/.

Eco, Umberto: Wie man eine wissenschaftliche Abschlussarbeit schreibt, Wien, 2010[13].

Engel, Stefan/Woitzik, Andreas (Hrsg.): Die Diplomarbeit, Stuttgart, 1997.

Friedrichs, Jürgen: Methoden empirischer Sozialforschung, Wiesbaden, 1990[14].

Gralki, Heinz: Wie gestaltet man einen Vortrag?, online unter URL http://staff-www.uni-marburg.de/~kersting/lehre/gralki98.htm [Stand: 28.12.2006].

Grobe, Eva/Westendorp, Andre: Recherche in professionellen Online-Datenbanken, in: Engel, Stefan/Woitzik, Andreas (Hrsg.): Die Diplomarbeit, Stuttgart, 1997, S. 89–100.

Halwax, Julia/Huber, Beate/Süssenbacher, Daniela: Schreiben und Argumentieren in wissenschaftlichen Arbeiten, in: Hienerth, Claudia et al. (Hrsg.): Wissenschaftliches Arbeiten kompakt, Wien, 2009, S. 143–160.

Hienerth, Claudia/Huber, Beate/Kovarova-Simecek, Monika et al.: Fundament des wissenschaftlichen Arbeitens, in: Hienerth, Claudia et al. (Hrsg.): Wissenschaftliches Arbeiten kompakt, Wien, 2009, S. 17–44.

Hienerth, Claudia/Huber, Beate/Süssenbacher Daniela (Hrsg.): Wissenschaftliches Arbeiten kompakt, Wien, 2009.

Karmasin, Matthias: Medienökonomie als Theorie (massen-)medialer Kommunikation. Kommunikationsökonomie und Stakeholder Theorie, Graz/ Wien, 1998.

Karmasin, Matthias/Rehberg, Walter/Theil, Michael: Wissenschaftlich arbeiten. Form, Funktion, Vorgangsweise, Wien, 1994 (vergriffen).

Kornmeier, Martin: Wissenschaftstheorie und wissenschaftliches Arbeiten, Heidelberg, 2007.

Krause, Günter: Die Geschichte der ökonomischen Theorien zwischen Mainstream und Alternative, in: Rosa-Luxemburg-Stiftung (Hrsg.): Utopie kreativ, Heft 143, 2002, S. 783–803.

Lohse, Heinz: Empirische Untersuchungen in Diplomarbeiten, in: Engel, Stefan/Woitzik, Andreas (Hrsg.): Die Diplomarbeit, Stuttgart, 1997, S. 126–150.

Lück, Wolfgang: Technik des wissenschaftlichen Arbeitens. Seminararbeit, Diplomarbeit, Dissertation, München/Wien/Oldenburg, 1998[6].

Maloy, Stanley: Guidelines for Writing a Scientific Paper, online unter URL: http://www.sci.sdsu.edu/~smaloy/MicrobialGenetics/topics/scientific-writing.pdf [Stand: 30.5.2011].

Nienhüser, Werner/Magnus, Marcel: Die wissenschaftliche Bearbeitung personalwirtschaftlicher Problemstellungen. Eine Einführung, Essener Beiträge zur Personalforschung, 4/1998, S. 6.

Noelle-Neumann, Elisabeth/Petersen, Thomas: Alle, nicht jeder. Einführung in die Methoden der Demoskopie, Berlin, 2004.

Nowotny, Helga/Scott, Peter/Gibbons, Michael: Wissenschaft neu denken, Weilerswirst, 2005.

Peirce, Charles Sanders: Deduktion, Induktion und Hypothese, in: Peirce, Charles Sanders: Schriften Bd. 1. Zur Entstehung des Pragmatismus. Mit einer Einführung hrsg. von Karl-Otto Apel, Frankfurt a. M., 1967, S. 373–394 [erstmals erschienen in Popular Science Monthly, August 1878, S. 470–482].

Peirce, Charles Sanders: Schriften Bd. 1. Zur Entstehung des Pragmatismus. Mit einer Einführung hrsg. von Karl-Otto Apel, Frankfurt a. M., 1967.

Peirce, Charles Sanders: Schriften zum Pragmatismus und Pragmatizismus, in: Apel, Karl Ott (Hrsg.): Pragmatismus, Frankfurt a. M., 1976.

Poenicke, Klaus: Wie verfasst man wissenschaftliche Arbeiten? Ein Leitfaden vom ersten Semester bis zur Promotion, Mannheim u. a., 1988[2].

Poser, Hans: Wissenschaftstheorie. Eine philosophische Einführung, Stuttgart, 2001.

Preissner, Andreas: Wissenschaftliches Arbeiten, München/Wien/Oldenburg, 1998[2].

Raffee, Hans: Grundprobleme der Betriebswirtschaftslehre, Göttingen, 1974.

Rötzer, Andreas: Die Einteilung der Wissenschaften. Universität Passau, 2006, online unter URL: http://www.opus-bayern.de/uni-passau/volltexte/2006/70/index.html [Stand: 7.1.2010].

Sander-Bauermann, Wolfgang: Die Internet-Suchmaschinen der Zukunft, in: c't magazin, 13/98, S. 178–185.

Schädler, Ute/Hohmeier, Jens: Beratung und Betreuung von Diplomarbeiten, in: Engel, Stefan/Woitzik, Andreas (Hrsg.): Die Diplomarbeit, Stuttgart, 1997, S. 11–26.

Schneider, Norbert: Erkenntnistheorie im 20. Jahrhundert. Klassische Positionen, Stuttgart, 1998.

Schülein, August Johann/Reitze, Simon: Wissenschaftstheorie für Einsteiger, Wien, 2005[2].

Skern, Tim: Writing Scientific English. A Workbook, Wien, 2009.

Stangl, Werner: Arbeitsblätter, online unter URL: http://arbeitsblaetter.stangl-taller.at/ [Stand: 28.12.2006].

Theisen, Manuel Rene: Wissenschaftliches Arbeiten. Technik – Methoden – Form, München, 1998[9].

Thiele, Albert: Kleiner Knigge/Präsentieren und vortragen – aber richtig, in: c't magazin, 11/2001, S. 172 ff, online unter URL: http://www.heise.de/ct/artikel/Kleiner-Knigge-285054.html [20.07.2014].

Abkürzungen für Quellenangaben und Quellenverweise

Abkürzung	Bedeutung
a.a.O.	am angeführten Ort
Aufl.	Auflage
Bd.	Band
ders.	derselbe
dies.	dieselbe
Diss.	Dissertation
et al.	et alii (und andere [Autoren])
f	folgende (Seite)
ff	fortfolgende (Seiten)
Forts.	Fortsetzung
H.	Heft
Habil.	Habilitationsschrift
Hrsg.	Herausgeber
hrsg. v.	herausgegeben von
i.d.R.	in der Regel
Jg.	Jahrgang
m.E.	meines Erachtens
N.N.	nomen nominandum (der zu nennende [unbekannte] Name oder nomen nescio [den Namen weiß ich nicht/Name unbekannt])
Nr.	Nummer (bei englischsprachigen Quellen No.)
o.J.	ohne Jahresangabe
o.O.	ohne Ortsangabe
o.V.	ohne Verfasserangabe
pass.	passim (da und dort/verstreut)
S.	Seite(n)
s.	siehe
Sp.	Spalte(n)
u.a.	und andere (Autoren oder Verlagsorte)
Verf.	Verfasser
Vgl.	Vergleiche
Vol.	Volume (Band)
zit. nach	zitiert nach

Abbildung 43: Gängige Abkürzungen[104]

104 Vgl. Bänsch (1998:45).